AF313868

LA
# CUISINE OMNIBUS

divisée en trois chapitres

## COMPRENANT PLUS DE 600 RECETTES

SUR L'ART CULINAIRE, L'OFFICE,
LA CUISINE DES MALADES ET DES CONVALESCENTS

## NOUVELLE ÉDITION
### considérablement augmentée

et mise à la portée de toutes les intelligences
par la manière simple et précise dont chaque article
est rédigé, et présentant par ses résultats une économie
notable dans tous ses moyens d'exécution.

## Par J. F.

### Prix : 50 centimes.

### PRINCIPAL DÉPOT

Au Bureau des Diligences et Dames-Réunies
Rue St.-Honoré, 202, près la place du Palais-Royal
Et dans les autres bureaux d'Omnibus à Paris.

1842

IMPRIMERIE DE E. MARC-AUREL, A ARGENTEUIL,
près Paris, bureau rue Saint-Honoré, 123.

# LA
# CUISINE OMNIBUS.

## CHAPITRE Iᵉʳ.

## CUISINE NATURELLE.

**Abatis de dindon.** (*Entrée.*) Faites revenir vos abatis avec une pincée de farine ; mouillez de bouillon. Ajoutez épices, bouquet garni, navets, petit-lard , pommes de terre. Laissez mijoter pendant trois heures sur un feu doux.

**Abats de veau.** (*Relevé.*) Echaudez en disposant préalablement dans la marmite un fond de blanc composé de farine délayée avec du vinaigre et sel, le tout étant bien étuvé, se nétoie et se replace dans le même ustensile avec sel et vinaigre pour être cuit à fond.

*Voir tête, fraise et pieds de veaux pour la manière de le servir.*

**Abricots (beignets d').** (*Entremets.*) Ouvrez des fruits peu mûrs , marinez dans l'eau-de-vie avec sucre et zeste de citrons. Egouttez, passez dans la pâte à frire. (Voyez pâte.)

Agneau ( quartier d'.) (*Rôt.*) Piquez, panez à l'intérieur, embrochez avec enveloppe de papier beurré. Retirez mi-cuit, panez de nouveau; ajoutez sel et persil haché. Remettez en broche, à feu vif. Un filet de vinaigre en dressant.

Albran. (Canard sauvage). (*Rôt.*) Il se mange toujours à la broche. Trois-quarts d'heure de cuisson. On peut aussi le mettre en salmis.

Alose à l'oseille. (*Entrée.*) Faites mariner avec huile, épices, thym, laurier. Faites griller en arrosant avec le restant de la marinade. Servez sur une farce d'oseille, ou sauce aux câpres.

Alose au bleu. (*Rôt.*) Faites cuire au bleu, (*Voyez ce mot.*) Servez avec une mayonnaise (*Voyez* Mayonnaise), ou simplement à l'huile.

Alouettes à la broche. (*Rôt.*) Bardez de lard, enfilez dans une brochette, faites cuir à feu vif. — Il faut vingt minutes.

Alouettes à la minute. (*Entrée.*) Mettez à la casserole troussées avec beurre et sel. Faites prendre couleur, ajoutez champignons, échalotes, persil haché; une pincée de farine, vin blanc ou bouillon; retirez aussitôt qu'il commence à bouillir.

Aloyau rôti. (*Rôt.*) Marinez douze heures avec épices, huile d'olive et vin blanc. Embrochez, arrosez durant la cuisson avec la marinade. Servez avec sauce hachée à part, ou garniture de pomme de terre frites. Cuisson deux heures et demie pour dix livres, une heure et demie pour cinq livres.

Ambigu. On appelle ainsi un repas à un seul

service, qui comprend à la fois tout ce qui doit être servi, depuis le potage jusqu'au dessert. Les soupers de bal et les déjeuners se servent en *ambigu.*

Anchois. (*Hors-d'œuvre.*) Lavez, enlevez l'arrête, découpez en filets. Servez avec œufs et cerfeuil haché.

Anchois (beurre d'). Lavez une demi douzaine d'anchois, pilez-en les chairs, maniez ensuite avec quantité égale de beurre frais.

Anguille à la broche. (*Rôt.*) Coupez par tronçons, après avoir dépouillé, videz, lavez. Faites mariner avec huile, ognons, bouquet garni et épices. Embrochez après avoir enveloppé de feuilles de vigne et de papier beurré. Arrosez de la marinade. Servez avec sauce à part.

Anguille à la tartare. (*Entrée.*) Apprêtez comme ci-dessus. Ajoutez du beurre à la marinade, placez dans une tourtière; mouillez de vin blanc et faites cuir le tout sous le four de campagne, en arrosant souvent. Quand l'anguille est cuite, trempez-la dans des œufs battus, panez fortement, faites prendre couleur sur le gril, et servez avec sauce tartare. *Voyez* sauce tartare.

Anguille à la matelotte, frite, grillée,—à la poulette. *Voyez ces différens mots.*

Argenterie. L'argent peut prendre le vert-de-gris; il faut donc tous les huit jours, savonner l'argenterie, et la passer ensuite au blanc d'Espagne.

On enlève parfaitement la teinte noire qui altère l'argenterie qui a servi à manger des œufs, en la frottant avec de la suie.

Artichauts. (*Entremets.*) Faites cuire dans l'eau bouillante avec du sel, après avoir coupé la pointe des feuilles. Il faut retirer le foin avant de servir : sauce blanche à part.

Artichauts à la barigoule. (*Entremets.*) Faites cuire dans du bouillon jusqu'à ce que l'on puisse enlever le foin. Otez les feuilles du milieu (le clocher et le foin.) Egouttez. Remplissez ensuite d'une farce de champignons, persil, échalottes, sel, poivre, beurre et huile, pilez ensemble. Achevez ensuite la cuisson sur une tourtière beurrée, en ajoutant un peu de bouillon et de vin blanc. Faites prendre couleur avec le four de campagne, et servez avec une sauce composée comme votre farce, mais un peu plus claire.

Artichauts frits. Coupez par quartiers minces, trempez dans une pâte légère. (*Voyez* Pate.) Servez brûlant et de belle couleur, avec garniture de persil frit.

Asperges. (*Entremets.*) Ratissez, lavez, liez par petits botillons que vous déferez pour servir. Faites cuire dans l'eau bouillante avec sel gris. Servez-les croquantes avec sauce blanche.

Asperges aux petits pois. (*Entremets.*) Cassez en petits morceaux, faites bouillir dans l'eau. Égouttez et fricassez ensuite avec beurre frais, sel et sucre. Liez de jaunes d'œufs.

Aubergines. (*Entremets.*) Ouvrez et retirez toute la chair. Jetez du sel à l'intérieur pour retirer l'eau ; garnissez d'une farce, telle que celle des artichauts à la barigoule ou toute autre suivant le goût, panez de mies de pain, placez dans une tourtière bien beurrée et faites cuire à petit feu.

**Baba.** (*Pâtisserie.*) Un litre de farine, demi once de sel, cinq œufs, jaune et blanc, un quarteron et demi de beurre, une pincée de safran en poudre, un quarteron et demi de raisin confit, demi quarteron de raisin de corinthe, un peu de levure. Maniez le tout avec un peu d'eau tiède. Mettez cette pâte, molle et bien liée, dans une casserole beurrée, et laissez reposer six heures en hiver, deux en été. Quand elle sera gonflée, faites cuire au four comme la brioche.

**Bain-Marie.** Manière de faire cuire toute espèce de substance en plongeant le vase qui la contient dans l'eau bouillante, afin qu'elle n'éprouve pas l'action trop immédiate du feu qui la ferait brûler ou cuire trop vite.

**Barbeau-Barbillon.** (*Relevé.*) Il faut avoir soin d'ôter à ce poisson les œufs avec les entrailles, parce qu'ils causent de grands maux d'estomac et purgent violemment. Le barbeau se prépare comme la carpe. (*Voyez* CARPE.) On le sert au bleu pour manger à l'huile quand il est d'une belle grosseur, âgé et pris dans un eau limpide.

**Barbue et Turbot.** (*Relevé et Rôt.*) Videz, lavez, nettoyez l'intérieur. Mettez dans un chaudron l'eau nécessaire à la cuisson, avec sel, laurier, thym, persil, ognons coupés par tranche. Faites bouillir un quart d'heure ; placez ensuite votre poisson dans une turbotière, et frottez-le de jus de citron du côté blanc. Faites mijoter sans bouillir. Couvrez pendant la cuisson, d'un papier beurré, pour empêcher de noircir. Servez, sur une serviette, le ventre en dessus, avec sauce aux câpres.

**Barder.** C'est attacher avec de la ficelle des

ranches de lard minces, sur le ventre et le dos des volailles que l'on met à la broche.

Bécasses-Bécassines. (*Rôt.*) Piquez ou bardez, enveloppez de feuilles de vignes. Faites cuir à feu vif et sans vider : demi-heure si elle est grasse ; maigre, un quart d'heure.

Becfigues. (*Rôt.*) On les barde et on les enfile dans une brochette. Arrosez d'un peu de lard ondu et servez avec filet de vinaigre.

Béchamelle. (*Sauce.*) Dans une casserole, beurre, ognons en tranche, carotte, persil, champignons. Passez sur le feu. Ajoutez un peu de farine et mouillez avec de la crème : sel, poivre. Tournez jusqu'à ébullition. Laissez mijoter trois quarts d'heure. Passez au tamis et liez avec du beurre ou des jaunes d'œufs.

Béchamelle grasse. (*Sauce.*) Demi-livre de lard haché, une carotte, un navet, deux ognons, graisse de veau ; passez tout au beurre ; ajoutez deux cuillerées de farine : mouillez de bouillon, sans laisser prendre couleur. Mettez sel, poivre, girofle, thym, laurier, persil ; après une heure de cuisson, passez et servez avec un filet de vinaigre.

Beignets de pomme. (*Entremets.*) Pelez, coupez en rondelles en ôtant le cœur, marinez dans l'eau-de-vie avec sucre et citron ; passez dans la pâte. (*Voyez* PATE.) et faites frire de belle couleur.

Betteraves-Fricassées. (*Entremets.*) Mettez-les, cuites et coupées en tranches, dans une casserole, avec beurre, persil, ciboules hachées, ail, farine, vinaigre, sel, poivre ; faites bouillir un quart d'heure. On les sert aussi à la sauce blanche,

Beefsteck. (*Entrée.*) Faites mariner des tranches de filet de bœuf dans le beurre tiède, sel et poivre ; faites cuir à feu vif et servez saignant avec beurre manié de persil, un filet de verjus ou de citron. Le beefsteck se sert aussi garni de pommes de terre frites au beurre, de cresson assaisonné de vinaigre et de sel, de beurre d'écrevisses, de beurre d'Anchois ; pour marinade, l'huile assaisonnée d'ognons et épices.

Biscuits en caisse et à la cuiller. (*Dessert.*) Cinq œufs, une livre un quart de sucre en poudre, trois onces de farine, fleur d'orange pralinée, hachée avec zeste de citron râpé dans le sucre. Battez le tout. Les blancs d'œufs doivent être battus à part, jusqu'à leur plus forte consistance. Mêlez le tout, et remplissez rapidement les caisses de papier disposées d'avance. Glacez le dessus en saupoudrant du sucre avec un tamis. Faites cuir au four avec une chaleur très douce.

Pour les biscuits à la cuiller, on répand simplement de la pâte avec une cuiller sur des feuilles de papier blanc que l'on enfourne.

Blanchir. C'est mettre des légumes ou des fruits dans de l'eau bouillante. On les retire lorsqu'ils ont jeté plusieurs bouillons, et on les jette dans l'eau fraîche.

Blanc-Manger. (*Entremets.*) Jetez dans l'eau bouillante une demi-livre d'amandes, dont un quart d'amandes amères. Retirez aussitôt, et enlevez la peau. Essuyez. Réduisez en pâte dans un mortier, en y mêlant peu à peu une cuillerée d'eau froide. Mêlez ensuite avec deux onces d'eau, passez dans un linge, et ajoutez un quarteron et demi de sucre en poudre. Battez légèrement six blancs d'œufs, versez dessus le lait d'amandes ; mettez à un feu doux, et fouettez de manière à former crême.

Blanquette. *(Entrée.)* Elle se fait également avec le veau et la volaille. Dans une casserole mettez beurre, farine ; mouillez avec moitié eau et bouillon ; ajoutez lard gras, petits oignons blancs, champignons, thym, laurier. Une heure de cuisson. Jetez dedans le veau ou le poulet déjà rôti, coupés en morceaux, faites réchauffer dans votre sauce ; liez-la de jaunes d'œufs, et ajoutez un jus de citron.

Bleu ou court-Bouillon. Placez le poisson vidé et lavé, dans un plat profond ; arrosez de vinaigre rouge bouillant, et recouvrez aussitôt hermétiquement le plat. Quelques secondes a- près retirez le poisson et mettez-le dans un chaudron ou poissonnière pleins d'eau bouil- lante. Assaisonnez de sel, poivre, laurier, giro- fle, ognons en tranches, ail. Le poisson cuit, retirez du feu, versez un verre d'eau froide, et laissez refroidir. Servez sur une serviette gar- nie de persil.

Bleu. Court-bouillon au vin. Videz, *écaillez* et lavez le poisson, placez-le dans la poisson- nière. Emplissez-là de bon vin, avec épices, thym, ail, laurier, ognons en rouelles. Ajoutez lard gras, ou beurre, ou huile d'olive, si c'est en maigre. La poissonnière ainsi garnie et ac- crochée à la crémaillère, faites un feu très clair, la flamme prendra bientôt au vin. Laissez ré- duire aux deux tiers, retirez le poisson, faites- le bien égoutter, et servez froid ou chaud, avec sauces et garnitures.

Bœuf. Nous ne donnerons pas de recettes pour le bœuf bouilli, au pot-au-feu. Les ména gères à qui s'adresse spécialement ce livre, possèdent sur cet article une supériorité que n'oserait leur contester aucun cuisinier.

Bœuf à la mode. (*Entrée.*) Faites revenir votre bœuf, piqué de gros lardons, dans une casserole, avec jarrets de veau, beurre, ognon piqué de clous de girofle, mouillez d'eau et de petite quantité de bon vin. Ajoutez au bout d'une heure lard, bouquet garni, pied de veau, carottes, ognons, dépotez à moitié cuit, clarifiez la gelée et dégraissez. Laissez cuire cinq ou six heures et servez soit chaud avec les légumes, soit froid avec la gelée.

Boudin. (*Hors-d'œuvre.*) Le noir doit être picoté avec la pointe du couteau, et cuit dans la poêle avec du saindoux, ce qui est préférable au gril. Le blanc, entortillé de papier beurré, se met sur le gril à feu doux.

Bouillon. En une heure. (*Potage.*) Bœuf haché menu, avec un peu de lard, carottes, ognons, très peu d'eau. Faites mijoter pendant un quart d'heure, jetez de l'eau dessus, faites bouillir et passez au tamis.

Bouillon maigre. Ognons, poireaux, panais, carottes, céleri; ajoutez beurre, sel, poivre, faites cuir à petit feu, passez et servez avec les légumes.

Boulettes. (*Entrée.*) Prenez viande quelconque, ajoutez chair à saucisse, hachez très fin avec persil, ciboules, mie de pain, œufs battus. Roulez dans la farine, passez au feu avec beurre et mouillez de bouillon, laissez mijoter une demi-heure.

Bouquet-Garni. Thym, persil, ail, ciboules et laurier.

Braise. Bardes de lard, pied de veau, épices, bouquet garni, ognons, carottes. Mettez sur ce fond la pièce que vous voulez braiser, soit gigot ou volaille désossée. Ajoutez un verre de vin blanc, un d'eau ou bouillon, un peu d'eau-de-vie. Faites cuire à petit feu pendant quatre ou cinq heures.

Brême. (*Voyez* Carpe.)

Brider. Passer une ficelle afin de retenir les membres de la volaille.

Brioches. (*Pâtisseries.*) Pétrissez de la farine avec un peu de levure de bierre et d'eau chaude. Que votre pâte soit très molle ; laissez-la lever, une demi-heure en hiver, point en été. Pétrissez deux tiers en sus de farine avec sel pilé, œufs, beurre, eau tiède. Étendez cette pâte, jetez dessus celle qui est levée, répétrissez le tout ensemble, enveloppez d'une serviette, laissez reposer huit heures. Faites ensuite vos briorches avec cette pâte que vous mouillerez pour la façonner, et mettez au four.

Brochet au bleu. (*Rôt* ou *Relevé.*) Faites cuire au bleu. Servez froid avec huile et vinaigre.

Brochet sauce aux carpes. (*Entrée.*) Faites cuire dans une poissonnière avec vin blanc et assaisonnement de court-bouillon ; évitez que le feu y prenne ; ajoutez beurre manié avec un peu de farine ; mouillez de deux tiers de court-bouillon et un tiers d'eau. Liez la sauce avec jaunes d'œufs ; ajoutez les câpres.

Cailles à la broche. (*Rôt.*) Faites cuire comme la bécasse, mais videz auparavant.

Cailles grillées. (*Rôt.*) Ouvrez en deux. Faites revenir dans une casserole, avec huile, épices et bardes de lard. Panez ensuite. Faites griller, et servez le fonds de casserole et jus de citron.

Cake. (*Entremets.*) Faites fondre sur le feu des pommes pelées, avec zeste de citron et cannelle. Passez au tamis, et remettez au feu avec un peu de fécule, sucre et beurre. Faites réduire. Quand cette marmelade est froide, mêlez-y des œufs, versez dans un moule beurré. Faites cuire demi-heure au bain-marie,

Canard à la broche. (*Rôt.*) On peut le farcir de saucisses et de marrons ; mais les uns et les autres doivent être cuits auparavant. Trois quarts d'heure de cuisson.

Canard aux navets. (*Entrée.*) Faites revenir dans un roux. Mouillez d'eau, ajoutez lard et thym. Quand il est à moitié cuit, mettez vos navets ; cinq minutes avant de servir, mettez un morceau de sucre, et liez la sauce.

Canard aux olives. (*Entrée.*) Faites cuire comme aux navets. Dessalez vos olives. Faites-les blanchir, et mettez-les avec le canard cinq minutes avant de servir.

Canard en salmis. (*Voyez* SALMIS.)

Canard aux pois. (*Entrée.*) Faites cuire comme aux navets. Si le canard est tendre, mettez les pois aussitôt qu'il a pris couleur.

Capilotade de volaille. (*Entrée.*) Faites un roux blanc, ajoutez champignons, persil, écha-tes hachées. Mouillez de vin blanc et de bouillon. Faites mijoter vos morceaux une demi-heure, et dégraissez. (La volaille rôtie préalablement.)

Câpres. (*Hors-d'œuvre.*) On les fait infuser comme les cornichons. (*Voyez* CORNICHONS. )

Capucines. (*Voyez* CORNICHONS.)

Cardes et cardons. (*Entremets.*) Lavez à l'eau bouillante. Faites cuir à gros bouillons avec jus de citron, bouquet garni, moelle de bœuf, lard gras, ognons, thym et laurier. Servez à la sauce blanche ou au jus.

Cardons à la moelle. (*Entremets.*) Lavez, parez et faites cuire dans du bouillon; laissez réduire et servez avec croûtons imbibés de moelle de bœuf.

Carottes maître d'hôtel. (*Entremets.*) Faites cuire à gros bouillons, sautez ensuite avec beurre, persil et ciboule hachés.

On les sert aussi à la sauce blanche.

Carpes à la chambord. (*Entrée.*) Écaillez, videz, lavez, enlevez la peau et piquez de petit lard. Mettez dans la poissonnière avec une marinade, et faites bouillir. Pour servir, dressez avec garniture de quenelles, riz de veau piqué, écrevisses, croûtes, culs d'artichauds; ajoutez un peu de sucre à la sauce, et versez-la bien réduite.

Carpe au vin. (*Entrée.*) Parez-la; emplissez-lui le corps de beurre manié avec persil, échalotes et épices. Faites-la cuire après l'avoir ficelée dans du vin rouge avec bouillon, beurre, ognons, thym, laurier, girofle. Servez avec la sauce bien réduite et liée avec beurre manié de farine.

Carpe frite. (*Rôt.*) Fendez en deux, ôtez la laite ou les œufs, passez dans la farine et faites frire. A mi-cuisson ajoutez la laite ou les œufs.

Carpe provençale. (*Entrée.*) Faites cuire par tronçons dans vin et huile, avec épices, beurre, ail, échalotes, ciboules, champignons, hachés et maniés ensemble.

Carpe en matelotte. (*Voyez* MATELOTTE.)

Carpe grillée. (*Entrée.*) Faites cuire sur le gril, après l'avoir écaillée, servez avec farce d'oseille dessous, ou sauce aux câpres.

Carré de mouton à la bourgeoise. (*Entrée.*) Faites cuire bouillon, vin blanc, bouquet garni et épices. Retirez et faites réduire la sauce, en ajoutant un morceau de beurre manié de farine et de persil haché. Ajoutez filet de vinaigre ou jus de citron.

Carré de mouton aux légumes. (*Entrée.*) Désossez, piquez, mettez à la broche, et servez sur vos légumes cuits dans le jus.

Carré de veau à la bourgeoise. (*Entrée.*) S'apprête comme le carré de mouton, il faut seulement le larder, et garnir le fond de casserole de bandes de lard.

Carré de veau à la broche. (*Entrée.*) Parez, lardez fin, faites mariner comme un aloyau, pendant trois heures. Mettez à la broche dans un papier qui contiendra tout l'assaisonnement. La cuisson faite, enlevez le papier et mettez tout ce qu'il contient d'assaisonnement dans une casserole avec beurre, une pincée de farine, poivre, sel, filet de vinaigre ; faites lier et servez le carré dessus.

Carrelet. (*Entrée.*) Voyez TURBOT.

Céleri. (*Entremets.*) Faites blanchir, puis faites cuire dans un jus ou consommé, avec ognon piqué d'un clou de girofle. Laissez réduire et liez la sauce avec un roux.

Cervelle de bœuf en matelotte. (*Entrée.*) Faites dégorger, faites blanchir avec eau, sel et vinaigre; faites un roux, ajoutez des ognons, mouillez de bouillon, faites mijoter avec vin rouge, sel, poivre, laurier et thym. Au moment de servir liez avec beurre manié de farine.

Cervelle de veau à la poulette. (*Entrée.*) Faites dégorger et blanchir. Mettez ensemble beurre manié de farine, mouillez d'eau et de vin blanc. Ajoutez ognons blancs, bouquet garni, champignons. Dix minutes de cuisson. Alors vous mettez vos cervelles dans cette sauce que vous liez avec jaunes d'œufs.

Cervelles frites. (*Entrée ou rôt.*) On les prépare comme les précédentes, on les marine par morceaux avec épices et vinaigre, on les trempe à la pâte et on fait frire.

Cervelles de moutons. Elles s'accommodent comme les précédentes.

Champignons (croûte aux.) (*Entremets.*) Faites cuire avec beurre, bouquet de persil, une pincée de farine; mouillez de bouillon, liez avec jaune d'œuf ou crème. Faites frire dans le beurre une croûte et servez les champignons dessus.

Champignons farcis. (*Entremets.*) Pressez dans un linge la queue de gros champignons; hachez-la menu avec échalottes, persil, câpres, huile, sel et poivre. Mettez cette sauce dans vos champignons et faites cuire sous le four de campagne.

Ils se servent aussi grillés et assaisonnés comme les rognons à la brochette.

**Chapon au gros sel.** (*Relevé.*) Troussez, flambez, mettez dans le pot au feu pendant trois heures, servez avec gros sel sur l'estomac, et tranches de citron.

**Chapon au riz.** (*Relevé.*) Comme ci-dessus. Faites cuire le riz dans le même bouillon.

**Chapon rôti.** (*Rôt.*) Troussez, arrosez de beurre pendant la cuisson qui doit durer une heure.

**Charlottes de pommes.** (*Entremets.*) Faites réduire vos pommes en marmelade, sucre et zeste de citron. Garnissez de pâte de l'épaisseur du petit doigt une casserole beurrée. Mettez dedans alternativement un lit de marmelade de pommes et un de marmelade d'habricots ; recouvrez le tout d'une feuille de pâte et mettez au four.

**Charlotte russe.** (*Entremets.*) Vous garnissez votre moule, ou casserole, de biscuits à la cuiller bien serrés et debout. Versez au milieu une crème ou fromage fouetté ; renversez sur le plat et servez.

**Chevreuil.** (*Voyez* FILETS *et* GIGOTS.)

**Chicorée blanche.** (*Entremets.*) Faites blanchir, égouttez, hachez, assaisonnez au beurre ou au jus.

**Choucroute.** (*Entrée.*) Lavez bien, faites cuire avec graisse de rôti, ajoutez petit salé, saucisson et un peu de vin blanc.

**Choux à l'allemande.** (*Entrée*) Hachez et

faites cuire avec beurre et lard. Mouillez de bouillon.

**Choux au blanc.** (*Entremets.*) Hachez, passez au beurre après avoir fait blanchir, et mouillez de crème pendant la cuisson.

**Choux farcis.** (*Entrée.*) Faites blanchir, ôtez le cœur, hachez-le avec une farce ; mettez votre farce dans le chou par lit entre chaque feuille. Ficelez et faites mijoter quatre heures dans un roux. Mouillez de bouillon.

**Choux de Bruxelles.** (*Entremets.*) Faites blanchir, puis sautez dans la casserole avec beurre et filet de citron.

**Choux-fleurs au fromage.** (*Entremets.*) Nettoyez bien, et coupez par gros quartiers ; jetez dans l'eau bouillante jusqu'à parfaite cuisson. (Ceci s'applique à tous les assaisonnements.) Râpez dans une sauce blanche du fromage parmesan et gruyère, versez sur les choux, saupoudrez de pareille poudre, puis une couche de beurre et une de mie de pain ; faites prendre couleur sous le four à campagne. Les *choux-fleurs* se mangent avec de la sauce blanche, au jus, en salade et frits.

**Civet de lièvre.** (*Entrée.*) Faites revenir petit lard et ognons. Faites revenir votre lièvre mariné et coupez en morceaux. Tournez à part du beurre avec une cuillerée de farine, mouillez de bouillon et de vin, mettez dedans vos ognons, petit lard, bouquet garni, épices, puis le lièvre. Ajoutez le sang au bout d'une heure, liez la sauce et laissez réduire.

**Cochon de lait.** (*Rôt*). Garnissez-le d'une farce où entreront le foie et le mou bien lavés, avec sauce hachée, champignons, épices. Embrochez et arrosez d'eau épicée d'abord et d'huile ensuite.

Compote de pommes. (*Dessert.*) Pilez, coupez, faites cuire avec un verre d'eau et jus de citron ; servez avec sirop réduit.

Compote de poires au vin. (*Dessert.*) Comme devant. A moitié cuites, on les mouille d'un verre de vin rouge. Même procédé pour prunes, abricots, pêches, cerises, etc.

Concombres. (*Entremets*) Pelez, videz, faites blanchir et assaisonnez, *à la poulette*, soit *à la maître-d'hôtel*, soit *à la Béchamel*.

Concombres farcis. (*Entremets.*) Pelez, coupez par un bout, et évidez avec une cuiller à café. Emplissez de farce et bouchez l'ouverture en fixant le morceau coupé avec quatre clous de girofle, cuisez dans un roux.

Consommé. (*Potage.*) Une vieille volaille, bœuf maigre, légumes, bouquet garni. Faites réduire les deux tiers et dégraissez.

Cornichons. (*Hors-d'œuvre.*) Mettez vingt-quatre heures dans une forte saumure, après les avoir fortement brossés. Egouttez, versez dessus du vinaigre d'Orléans tout bouillant. Ajoutez extragon, ail, piment et petits ognons.

Côtelettes de mouton. (*Hors-d'œuvre.*) Parez, saupoudrez de sel et poivre, faites cuire à feu vif, et servez saignant.

Côtelettes de mouton à la soubise. (*Entrée.*) Piquez de lard, faites cuire en braise, parez, dressez en couronne avec cordon d'ognons glacés, purée d'ognons blancs et croûtes.

**Côtelettes de mouton à la jardinière.** (*Entrée.*) Parez, faites cuire avec bouquet, ail, épices, trempez de vin, joignez carottes et filets de jambon. Joignez les légumes apprêtés à part.

**Côtelettes panées.** (*Hors-d'œuvre.*) Parez, passez-les à l'huile, saupoudrées de sel, poivre et girofle. Panez fortement et grillez à feu vif.

**Côtelettes de porc frais.** (*Entrée.*) Faites cuire au gril ou à la poêle, et servez avec sauce-Robert ou aux cornichons.

**Côtelettes de veau.** Elles se préparent en général comme celles de mouton.

**Côtelettes de veau en papillottes.** (*Entrée.*) Parez, garnissez d'une farce de fines herbes, épices, champignons hachés, petit lard. Enveloppez de papier huilé, et grillez à feu doux. Faites-les revenir avant dans le beurre avec les fines herbes et autres assaisonnements.

**Coulis velouté.** Beurrez un fond de casserole. Deux livres débris de veau, deux ognons blancs piqués de deux clous de girofle. Mettez sur un feu doux ; mouillez d'une chopine de bouillon. Laissez mijoter six heures, pressez la viande, ôtez-la, passez votre coulis. Au besoin faites réduire.

**Coulis maigre.** Pois secs, pommes de terre, panais, carottes, céleri, navets, choux, bouquet garni. Faites mijoter six heures ; exprimez le jus et passez.

**Court-bouillon.** (*Voyez* BLEU.)

**Crapaudine.** (*Entrée.*) Fendez en deux, aplatissez sans briser les os, frottez d'huile ; poivre, sel, persil, ciboule hachés ; panez de mie de

pain, et grillez à petits feu. Pour la sauce : ver-
jus, sel, poivre, échalottes et beurre.

Crabe. (*Voyez* homard.)

Crème à la fleur d'orange. (*Entremets.*) Une
demi-livre de sucre, deux pintes de lait, faites
bouillir. Retirez, ajoutez douze jaunes et trois
blancs d'œufs bien battus; plus, six cuillerées
de fleur d'orange. Faites prendre au bain-marie.

Crème au café. (*Entremets.*) On fait bouillir
du café en grains brûlé, dans la crème, et on
procède comme ci-dessus.

Crème au chocolat. (*Entremets.*) Comme
celle de fleur d'orange, le chocolat se met en
dernier, tout râpé, et jette trois bouillons seu-
lement.

Crème fouettée. (*Dessert.*) Battez crème avec
une demi-livre de sucre en poudre, un blanc
d'œuf battu et une cuillerée de fleur d'orange,
par pinte, fouetté le tout; quand le tout forme
une masse épaisse, mettez dans un panier garni
d'un linge, et servez.

Crêpes. (*Voyez* pate a frire.) Faites fondre
à la pêle, gros comme une noisette de beurre
ou de sain-doux. Versez de la pâte suffisamment
pour couvrir le fond très mince; retournez en
donnant couleur.

Croquettes de riz. (*Entremets.*) Moitié riz
crevé, moitié beurre, sel, épices, persil haché,
jaunes d'œufs. Pilez le tout ensemble, pétrissez
en boulettes longues, farinez et faites frire.

Croûte au pot. (*Potage.*) Mettez dans un bouil-
lon corsé des croûtes de pain grillées; laissez
tarir, detachez ensuite avec du bouillon.

Daube. (*Voyez* BRAISE.)

Dinde aux truffes. (*Rôt.*) Lavez, brossez et pelez vos truffes. Hachez les moins belles, avec une livre de lard. Mettez dans la casserole, avec vos truffes, sel, épices et bouquet garni. Laissez une heure sous un feu doux ; ajoutez quelques filets de volailles pilés. Garnissez du tout votre dinde, et laissez-la reposer jusqu'à ce que sa chair soit suffisamment pénétrée du parfum. Embrochez après avoir enveloppé dans un papier huilé. Une heure de cuisson suffit ordinairement.

Dindon rôti. (*Rôt.*) On peut se servir de toute espèce de viandes. Il doit rôtir à feu doux. Une heure et demie suffit pour le plus gros.

Ecrevisses. (*Rôt.*) Faites cuire avec bouquet garni, persil et épices dans du vin blanc.

Eminçé de mouton. (*Entrée.*) Un roux, cornichons, échalotes hachées, sel, poivre, lard gras. Une heure de cuisson, mettez ensuite vos tranches réchauffer, mouillez de bouillon et laissez réduire.

Entre-côte de bœuf. (*Entrée.*) Préparez comme le beefteck, mais servez sur une sauce piquante.

Entrée. Plat plus ou moins solide de viande, volaille, gibier ou poisson, avec une sauce.

Epaule de mouton braisée. (*Entrée.*) Désossez, garnissez l'intérieur d'épices, lard râpé, ail ; roulez et ficelez. Faites cuire à petit feu avec ognons, bouquet garni, ail, girofle et lard gras. Servez sur un lit de légumes cuits séparément.

Epaule de veau à la bourgeoise. (*Entrée.*) Cinq

heures de cuisson à feu doux, avec beurre, bouquet garni et lard gras. Dégraissez et servez sur un lit de légumes.

Eperlans. (*Rôt.*) Ne les videz pas. Lavez et essuyez bien, farinez et faites frire en brochette à grand feu.

Epinards. (*Entremets.*) Epluchez, faites blanchir, hachez, assaisonnez en gras ou maigre.

Escargots. Jetez-les dans de l'eau bouillante avec une poignée de cendre. Un quart d'heure après, retirez-les de leurs coquilles, lavez et nettoyez. Faites jeter un bouillon, égouttez; une poignée de farine, du vin blanc, bouquet garni épices, champignons; fricassez ensuite au blanc.

Espagnole-sauce. Débris de volailles et gibiers, faites revenir au beurre avec rouelle de veau et champignons, carotte, ognon, épices, bouquet, girofle, laurier. Mouillez de bouillon et de vin blanc. Passez au tamis au bout de deux heures.

Esturgeon. (*Voyez* Saumon.)

Etouffer. C'est faire cuire dans un vaisseau bien clos pour empêcher l'évaporation.

Etuvée de carpes. (*Entrée.*) Parez, coupez par tronçons. Faites bouillir quelques bouillons avec bouquet garni et épices; deux tiers de vin blanc, un tiers d'eau et un morceau de beurre. Retirez du feu. Sautez des petits ognons et des champignons dans du beurre avec poivre, peu de farine, mouillez avec le fond de votre poisson; quand votre ragoût est cuit, liez avec jaunes d'œufs et ajoutez quelques écrevisses.

Étuvée de cailles. (*Entrée.*) Se fait de même, en cuisant doucement dans un roux.

Faisan rôti. (*Rôt.*) Piquez de petit lard. Faites rôtir trois quarts d'heure à feu doux.

Farces. Hâchez des viandes quelconque cuites. Ajoutez chair à saucisses, assaisonnez de persil, ciboules, mie de pain, un ou deux œufs battus, passez au feu avec beurre et pincée de farine ; mouillez de bouillon. Laissez mijoter une demi-heure.

Feuilletage. (*Pâtisserie.*) Un litre de farine, une demi-once de sel, un blanc d'œuf, un verre d'eau, gros comme un œuf de beurre. Pétrissez à la main. Après un quart d'heure, aplatissez, étendez dessus une demi-livre de beurre, ployez les deux bouts pour renfermer le beurre dedans. Laissez reposer une demi-heure, donnez-lui deux tours au rouleau. Reposez vingt minutes. Donnez deux tours encore et servez-vous en.

Fèves à la bourgeoise. (*Entremets.*) Faites blanchir, cuisez avec beurre, persil, ciboule et sarriette. Mouillez de bouillon, une pincée de farine et liez avec jaunes d'œufs.

Filet de bœuf à la broche. (*Relevé.*) Lardez, marinez, rôtissez à grand feu, et servez avec sauce hachée.

Filets de chevreuil. (*Entrée.*) Quatre à cinq heures de marinade. Faites griller à feu vif et servez avec sauce piquante relevée.

Filets mignons. (*Entrée.*) Parez et piquez des filets de mouton. Servez-les grillés avec une sauce maître-d'hôtel et filet de citron.

Filets de sole à la Horly. (*Rôt.*) Levez les filets, marinez dans le jus de citron, sel et poivre ; saupoudrez de farine et faites frire. Faites réduire les carcasses et débris en arrosant de vin blanc et bouillon, et servez cette sauce clarifiée sous vos filets.

**Filets de sole au gratin.** (*Entrée.*) Préparez le gratin. (*Voyez* GRATIN.) Et rangez les filets en buisson.

**Filets de veau à la provençale.** (*Entrée.*) Coupez bien mince des filets de veau rôti et froid, et faites-les réchauffer dans le beurre, chapelure, fines herbes hachées, épices et huile, avec jus de citron et ail.

**Foie de veau à la bourgeoise.** (*Entrée.*) Lardez, faites cuire à petit feu avec lard, bouquet, ognon, eau, vin blanc et épices.

**Foie de veau à la broche.** (*Entrée.*) Piquez, marinez dans huile ; épices et fines herbes. Embrochez dans du papier et servez sur le résidu de la léchefrite avec échalotes et fines herbes hachées.

**Foie de veau sauté à la poêle.** (*Entrée.*) Coupez, émincez. Mettez dans la poêle avec beurre. Faites revenir le tout au sauté, ajoutez vin blanc et fines herbes des trois sortes, et servez chaud.

**Foncer.** C'est mettre dans le fond d'une casserole des bandes de lard, des tranches de veau ou de jambon.

**Fraise de veau en vinaigrette.** (*Hors-d'œuvre.*) Servez avec l'huilier.

**Fraise de veau frite, ou à la poulette.** (*Voyez* ABAT DE VEAU. (*Ent.,*) Cuisez comme pour la vinaigrette, faites frire et servez comme les cervelles.

Frangipane. (*Pâtisserie.*) Deux ou trois œufs dans une casserole, autant de farine que les œufs en peuvent boire; délayez, mouillez avec du lait, laissez cuire un quart d'heure en tournant toujours; assaisonnez de sucre, fleur d'orange, macarons écrasés.

Fricandeau. (*Entrée.*) Piquez très fin la noix de veau. Faites cuire doucement avec jarret, lard gras, beurre, carottes, ognons, bouquet et épices. Laissez réduire et servez dans son jus ou garni de légumes.

Galantine de volaille. (*Rôt.*) Désossez votre pièce sans déchirer la peau, emplissez-la de farce de pâté froid, jambon, saucisson et cervelas. Cousez-la en conservant, le plus possible, la forme; emballez dans un linge et faites cuire dans une daubière mi-pleine d'eau avec sel, lard gras, carottes, ognons, thym, laurier, bouquet garni et un jarret de veau. Laissez cuire huit heures, dégraissez et clarifiez la gelée.

Galettes de plomb. (*Pâtisserie.*) Un litre de farine, une demi-once de sel, cinq œufs, une livre de beurre, une demi-once de sucre, un demi-verre de lait; maniez le tout ensemble. Rompez en morceaux deux fois, remaniez ensemble, et laissez reposer demi-heure. Deux tours de rouleau, demi-heure de repos; deux tours encore. Mouillez en formant boule, aplatissez avec le rouleau, épais d'un pouce. Mettez au four.

Gasconnade. (*Rôt.*) Un litron de gousses d'ail épluchées. Faites blanchir, jetez dans l'eau fraîche, mettez-les dans une casserole avec un verre de jus, que vous servirez sous un gigot rôti et lardé de douze gousses d'ail et de douze anchois.

Gateau d'amandes. (*Voyez* Amandes.)

Gateau de riz. (*Entremets.*) Une pinte de lait bouilli, demi-livre de riz, un quart de beurre, sucre et zeste de citron. Quand le riz est cuit, quatre œufs battus. Beurrez une casserole, versez le tout et mettez au four durant deux heures.

On fait aussi prendre le gâteau de riz au bain-marie. C'est alors une sorte de crème bâtarde.

Gelinotte. (*Rôt.*) Elle se fait cuire à la broche, et se sert comme le canard sauvage (albran.)

Gibelotte de lapin. (*Entrée.*) Parez, coupez par morceaux, mettez dans un roux garni de petit lard, ognons, bouquet, épices, demi-verre de vin.

Gigot à l'eau. (*Entrée.*) Désossez le tout, ou seulement le manche ; mettez à la casserole avec fond de lard, bouquet garni et épices. Ajoutez deux demi-setiers d'eau et un de vin. Laissez mijoter cinq heures, et dégraissez.

Gigot de chevreuil. (*Rôt.*) Mariné et lardé comme les filets, rôtissez à feu vif en arrosant de sa marinade. Servez avec sauce hachée, mêlée au résidu de la léchefrite.

Gigot de mouton (*Rôt.*) Dépouillez de la peau, garnissez d'ail et faites cuire à grand feu : six livres, une heure et demie ; quatre livres, une heure.

Glace. (*Voyez* Espagnole.) La glace est une espagnole plus forte et plus réduite ; il en coûte moins de l'acheter que de la faire.

Godiveau. (*Entrée.*) Hachez très fin rouelle ou

noix de veau, détrempez de la mie de pain dans l'eau bouillante ; passez le tout au tamis. Pelez, avec du beurre, persil, sel, poivre et muscade ; ajoutez trois jaunes d'œuf et deux blancs battus ; mêlez le tout et faites-en des boulettes. *Nota.* Le beurre, la mie de pain et la purée de viande doivent être mis par égales parties chacun.

Gras-double en fricassée de poulet. (*Entrée.*) Nettoyez et lavez bien, faites dégorger et cuire avec tranches d'ognon, ail, clous de girofle ; passez dans le beurre avec pincée de farine ; mouillez de bouillon, liez avec jaunes d'œufs.

Gras-double à la lyonnaise. Apprêtez et faites sauter à la poêle avec de l'ognon haché.

Goujon. (*Rôt.*) Faites frire comme l'éperlan, mais sans brochettes.

Grenouilles en fricassée de poulet. (*Entrée.*) Dépouillez les cuisses, sautez à la casserole avec champignons, ciboules, bouquet de persil et beurre ; mouillez de bouillon en saupoudrant de farine, et liez avec jaunes d'œufs.

Grives. (*Rôt.*) Embrochez avec bardes et feuilles de vigne. Servez avec filet de verjus.

Guignard. (*Rôt.*) De même.

Hachis de mouton. (*Entrée.*) Hachez menu votre viande cuite. Faites revenir champignons, persil, échalotes, estragon hachés avec un morceau de beurre, un peu de farine, laissez réduire ; mettez alors votre viande qui ne doit pas bouillir.

Harengs à la maître d'hôtel. (*Entrée.*) Grillez, ouvrez le dos, garnissez l'intérieur de beurre, persil, sel et poivre. Filet de citron.

**Harengs à la moutarde. (*Entrée.*)** Grillez et servez sur une sauce de beurre; bouillon, pincée de farine et moutarde battus sans bouillir.

**Harengs salés. (*Hors-d'œuvre.*)** Faites dessaler pendant vingt-quatre heures et cuire à l'eau. Servez en salade avec beaucoup de fournitures.

**Harengs saurs. (*Hors-d'œuvre.*)** Dessalez, ouvrez en deux, grillez et marinez ensuite dans l'huile d'olive. Servez avec une sauce.

**Haricots blancs. (*Entremets.*)** *Nouveaux.* Jetez dans l'eau bouillante et faites cuire à gros bouillons. *Secs.* Faites cuire dans une marmite bien fermée; laissez dans cette eau jusqu'au lendemain. Faites-les cuire alors une seconde fois, et fricassez.

**Haricots à l'étuvée. (*Entremets.*)** Lard et petits ognons. Ajoutez, au bout d'un quart d'heure, fines herbes, vin; faites bouillir encore un quart d'heure.

**Haricots à la maître d'hôtel. (*Entremets.*)** Egouttez-les dès qu'ils sont cuits. Mettez-les dans la casserole avec beurre, persil et ciboule hachés. Filets de verjus.

**Haricots au gras. (*Entremets.*)** Jetez-les dans un roux gras avec sel, poivre, filet de vinaigre, un peu de leur eau; une demi-heure de cuisson à grand feu.

**Haricots en salade. (*Voyez* SALADES.)**

**Haricots verts. (*Entremets.*)** Ils s'assaisonnent de la même manière que les blancs.

**Haricot de mouton. (*Entrée.*)** Faites revenir votre mouton coupé par morceaux. Un roux.

Mouillez-le de bouillon, salez, poivrez, bouquet de persil et ciboules. Très peu de laurier, de thym et d'ail. Laissez jeter un bouillon. Mettez alors la viande, et bientôt ajoutez vos navets que vous aurez fait revenir. Une demi-heure de cuisson.

Homard. (*Rôt.*) Faites cuire à gros bouillons pendant vingt-cinq minutes, dans vinaigre, eau, persil, bouquet garni et épices. Servez froid.

Habiller: Brider, trousser une volaille pour lui donner la forme convenable.

Houblon. (*Entremets.*) Dans quelques localités on mange au printemps ses premières pousses comme des asperges.

Huîtres (coquilles d') (*Hors-d'œuvre.*) Quatre douzaines; détachez-les, et faites-leur jeter un bouillon dans leur eau. Egouttez. Faites revenir avec du beurre, des champignons. Ajoutez de la farine et mouillez de bouillon ou de vin blanc. Faites réduire et mettez vos huîtres. Dans chacune des plus grandes coquilles mettez quatre huîtres, de la sauce, couvrez de chapelure, arrosez de beurre, mettez sur le gris et glacez avec la pelle rougie.

Issues d'agneau (*Entrée.*) Faites dégorger à l'eau tiède, et blanchir à l'eau bouillante. Faites cuire avec du bouillon, petit lard, bouquet, racines, ognons, persil, ciboule, laurier, ail, girofle, échalottes, épices, filet de vinaigre, bouillon, un peu d'huile d'olive; faites réduire, et servez avec sauce. (Les issues comprennent la tête, le cœur, le foie, le mou et les pieds.

Jambon. (*Rôt*). Faites cuire, enveloppé d'un linge, dans un court-bouillon, avec quelques poignées de foin. 6 heures de cuisson. Désossez en laissant le manche.

Jambon à la broche. (*Rôt.*) Désossez, dessalez, marinez 24 heures dans le vin blanc, ognon et persil. Embrochez et arrosez de marinade. Avant la cuisson parfaite, levez la couenne et panez.

Julienne. (*Potage.*) Coupez très mince carottes, poireaux, panais, navets, ognons, céleri. Hachez, oseille, laitue, cerfeuil. Faites cuire à moitié dans le beurre; achevez de cuire dans du bouillon gras ou maigre, et servez avec ou sans pain.

Jus. On le fait à grand feu, avec des débris de viande, en ajoutant ognons, bouquet, girofle et un peu d'eau.

Kari. (*Sauce.*) Demi-quarteron de beurre, une cuillerée à café de *Piment-Kari*, un peu de muscade, de safran, deux cuillerées de farine, mouillez de bouillon, laissez réduire un quart d'heure, passez et ajoutez un peu de beurre.

Laitue au gras. (*Entremets.*) Lavez, liez, cuisez à l'eau bouillante, avec du sel. Egouttez et laissez entière. Mettez dans une casserolle avec une pincée de farine, de la graisse et du jus. Faites bouillir dix minutes et mouillez de bouillon.

Laitue au maigre. (*Entremets.*) Comme ci-dessus, mais avec beurre frais, muscade et filet de vinaigre. On peut les faire en gras et maigre.

Lamproie. (*Entrée.*) Elle se prépare comme la carpe et l'anguille.

Langouste. (*Voyez* Homard.)

**Langue de bœuf à l'écarlate.** (*Relevé.*) Faites griller sur la braise ardente, pour enlever la peau dure. Frottez-la de poivre et d'un peu de salpêtre, roulez-la dans le sel. Mettez-la dans un vase avec quelques clous de girofle, peu de thym et laurier. Laissez dans cette saumure douze jours en ayant soin de renouveler le sel. Faites sécher alors.

Pour la cuire : marmite pleine d'eau, ognons, girofle, thym, laurier, ni poivre ni sel. Six ou sept heures de cuisson. Faites égoutter et refroidir.

**Langue de bœuf rotie.** (*Rôt.*) Faites blanchir, cuisez avec bouquet, épices et tranches de lard; piquez ensuite, embrochez une heure, et servez avec sauce piquante.

**Langues de mouton.** (*Entrée.*) Faites blanchir pour ôter la peau, piquez, faites mijoter avec beurre, ognons, carottes, lard gras et bouquet. Mouillez. Cinq heures de cuisson.

**Langue de veau.** (*Voyez* Langue de bœuf.)

**Lapereau sauté.** (*Entrée.*) Sautez-le dans le beurre après l'avoir paré et coupé. Ajoutez épices, persil, ciboule, échalottes, mouillez de vin et faites cuire vivement.

**Lapereau à la poulette.** (*Entrée.*) Parez, coupez, faites revenir. Fricassez ensuite avec beurre, champignons, ciboule, persil, épices. Mouillez de vin blanc et de bouillon, laissez réduire.

**Lapin.** (*Voyez* Gibelotte.)

**Lentilles.** ( *Entremets.* ) (*Voyez* Haricots blancs), même prépartion.

Liaisons. Cassez des œufs sans crever les jaunes, que vous séparez des blancs ; délayez avec une cuillerée ou deux de la sauce que vous devez lier ; remuez jusqu'à parfait mélange ; versez ensuite peu à peu, et en tournant toujours, dans votre sauce. *Hors du feu.* Remettez-la un moment, en tournant, pour épaissir, mais sans bouillir.

Lièvre rôti. (*Rôt.*) Parez, piquez de petit lard, mettez dans la léchefrite, le sang, le foie et le mou, écrasés et délayés dans le vinaigre, avec sel, poivre et échalottes hachés. Arrosez avec cette sauce, durant la cuisson qui dure une heure et demie pour un gros.

Quand on fait mariner le lièvre c'est dans du vinaigre mitigé d'eau. On y joint épices, ognon, persil, thym, laurier, beurre manié de farine. On fait tiédir cette marinade, où le lièvre reste six heures. Elle sert ensuite à arroser.

Lièvre en civet. (*Entrée.*) Faites revenir votre lièvre, mariné et coupé en morceaux. Faites revenir petits ognons et lard de poitrine. Tournez en le mouillant de vin ; du beurre avec une cuillerée de farine. Remettez le lièvre, les ognons, le lard, le bouquet et laissez cuire une heure. Ajoutez le sang alors, liez et laissez réduire votre sauce.

Limandes et soles frites. (*Entremets.*) Videz, lavez, farinez. Faites frire à fleur clair. Egouttez et saupoudrez de sel.

Limandes et soles sur le plat. (*Entrée.*) Dans un plat, beurre manié de farine, persil, ciboule, champignons hachés avec sel et poivre. Mettez le poisson dessus. Ajoutez un demi-verre de vin blanc. Couvrez bien et mettez au feu.

**Lit.** On dit faire des lits, lorsqu'on coupe des substances en tranches menues, entre lesquelles ont met d'autres substances ou des assaisonnemens.

**Macaroni.** (*Entremets.*) Faites cuire dans du bouillon avec un quarteron de beurre par livre. Gros poivre. Le macaroni cuit, mettez une demi livre de gruyère, un parmesan râpés. Mêlez, tournez, dressez, saupoudrez de fromage ; râpez et glacez avec le four à campagne.

**Mayonnaise.** Deux jaunes d'œufs crus, un cuit, une cuillerée de vinaigre, sel, poivre ; verser de la bonne huile d'olive en tournant toujours ; plus on veut la sauce épaisse, plus il faut d'huile. Tourner pendant vingt minutes.

**Maître d'hôtel.** Beurre manié avec persil haché, sel et poivre, plus un filet de citron, verjus ou vinaigre.

**Maquereau à la maître d'hôtel.** (*Entrée.*) Fendez par le dos, enveloppez de papier beurré ; faites griller et servez sur une maître d'hôtel.

Il se mange grillé *à l'huile et au beurre noir.*

**Maquereau salé.** (*Voyez.*) Hareng.

**Marinade de volaille.** (*Entrée.*) Otez la peau d'un poulet, lavez les membres. Faites dégorger avec les abatis, marinez deux heures sur la cendre chaude avec vinaigre, bouillon, sel, poivre, persil, ciboules, lauriers. On peut aussi simplement le rôtir à la broche. Egouttez, trempez dans la pâte et faites frire.

**Marrons** (potage aux.) Cent marrons ; ôtez les deux peaux. Cuisez dans bouillon gras. Pilez dans le mortier avec une perdrix rôti froide, passez et mitonnez.

**Matelotte à la marinière.** (*Entrée.*) Ecaillez, videz, coupez par tronçons dans un petit chaudron, avec gousse d'ail. Demi-feuille de laurier, peu de thym, sel, vin rouge, petits ognons et beurre. Dès que le vin bout, versez demi verre d'eau-de-vie. Allumez et laissez cuire un quart d'heure. Retirez le poisson, dressez, liez la sauce avec beurre manié de farine.

**Mauviettes.** *Voyez* ALOUETTES.

**Menus.** Liste des mets qui doivent composer le repas.

**Merlan frit.** (*Rôt.*) Tailladez-le légèrement, Farinez et faites frire de belle couleur.

**Merlan gratiné.** (*Entrée.*) *Voy.* LIMANDES ET SOLES.

**Merles.** (*Rôt.*) Enveloppez de feuilles de vignes, bardez et faites rôtir sans les vider.

**Mijoter.** Cuire lentement et à petit feu.

**Miroton de bœuf.** (*Entrée.*) Ognons par tranches et beurre. Faites roussir, liez de farine, mouillez de bouillon, faites réduire, ajoutez votre bœuf cuit et coupé par tranches.

**Mitonner.** Laisser longtemps cuire à feu doux.

**Morilles.** Champignons conservés. On les emploie comme les frais.

**Morue à la Béchamel.** (*Entrée.*) Dessalez, écaillez, faites cuire à l'eau, écumez et ôtez du feu au premier bouillon. Mettez ensuite quelques minutes dans une Béchamel faite à part (*Voir ce mot.*)

**Morue au blanc. Morue Maître-d'hôtel.** Préparez comme dessus, et voyez ces recettes.

**Morue à la hollandaise.** Faites cuire comme

ci-dessus, mettez la pomme de terre vittelotte en même temps et servez-le tout à l'anglaise, c'est-à-dire au beurre sans fine herbe.

**Morue à la provençale.** Retirez de l'eau et égouttez bien, battez votre morue avec une cuiller de bois, assaisonnez en même temps d'huile d'olive et d'une gousse d'ail pilée ; formez comme une espèce de gateau et servez chaud.

**Mou de veau au blanc.** (*Entrée*). Blanchissez, dégorgez, coupez par petits morceaux, faites cuire avec beurre et farine, sans roussir, mouillez avec bouillon, ajoutez fines herbes et épices ; ajoutez à mi-cuisson champignons et petits ognons, liez avec jaunes d'œufs.

**Mouiller.** Mettre de l'eau, du bouillon, du vin ou du vinaigre pendant la cuisson.

**Moules à la poulette.** (*Entrée*.) Nettoyez, faites ouvrir au feu, nettoyez, sautez avec beurre frais, poudrez de farine, mouillez d'eau et laissez jeter un bouillon. Liez la sauce avec jaune d'œufs. Filet de citron.

**Moules au naturel.** (*Entrée*.) Nettoyez bien, mettez dans une casserolle avec beurre, fines herbes et épices, sautez jusqu'à ce qu'elles soient bien ouvertes.

**Moutarde.** Dans une assiette, une once de moutarde en poudre, deux pincées de sel fin, demi-verre de vinaigre. Délayez et laissez fermenter vingt-quatre heures. On l'aromatise à son goût.

**Navets glacés.** (*Entremets.*) Pelurez, faites cuire sur cendre chaude avec beurre et un peu de sucre, liez avec un peu de bouillon et beurre manié de farine.

Noix de veau dans son jus. (*Entrée.*) Piquez, mettez avec beurre sur un feu doux ; quand elle est bien dorée, mouillez d'un peu d'eau. Sel et feuille de laurier. Cuisson de quatre à cinq heures. Dégraissez, liez avec de la farine.

Nouga. (*Dessert.*) Trois-quarts d'amandes douces, un quart d'amères. Dix minutes dans l'eau bouillante, ôtez la peau, faites sécher, et coupez-les en petits morceaux. Pilez du sucre à poids égal et faites-le cuire à caramel (blond foncé), jetez vos amandes dedans et remuez ; retirez du feu avant que la couleur se fonce. Frottez d'huile toutes les parois intérieures d'une casserole, et placez-y par couches minces vos amandes. Cette opération demande à être faite très vite. Renversez ensuite sur un plat.

OEufs. Il serait inutile de parler des œufs à la coque, en omelette, sur le plat, au beurre noir ou frits.

OEufs à la neige. (*Entremets.*) Une chopine de lait, deux cuillerées de fleur d'orange, demi-quarteron de sucre, faites bouillir. Ajoutez six blancs d'œufs battus en neige avec sucre en poudre. Retirez vos blancs, liez ce lait avec jaunes d'œufs, ajoutez macaroni pilé, et servez froid.

OEufs farcis. (*Entremets.*) Retirez les jaunes des œufs durs, pilez-les avec beurre, fines herbes et mie de pain trempée dans du lait. Remplissez vos blancs de cette farce. Faites une sauce blanche ou Béchamel, et servez vos œufs dessus.

OEufs à la trempe. (*Entremets.*) Faites cuire doucement des ognons coupés en rond, avec du beurre frais, mettez farine, crême, un peu de sucre; puis ajoutez vos œufs durs coupés par quartiers et laissez réduire un peu.

OEufs pochés. (*Entremets.*) Faites bouillir de l'eau avec vinaigre et sel. Cassez au-dessus vos œufs, retirez-les à mesure de la cuisson, égouttez et servez sur jus, farce ou purée.

Oie rotie. (*Rôt.*) On peut la farcir de chair à saucisse ou marrons cuits. Une heure un quart de cuisson.

Oies (cuisses d'). (*Entrée*). *Voyez* Cuisses. On les cuit sur le gril, panées, et on les sert à sauce tartare ou hachée.

Oie en daube. (*Voyez* Daube).

Omelette au rognon. (*Entremets*). Hachez menu un rognon de veau cuit. Fines herbes, crème épaisse. Battez avec vos œufs; une larme d'eau, sel; faites cuire comme une omelette au naturel.

L'omelette aux *truffes*, aux *pointes d'asperges*, au *fromage*, aux *champignons*, etc., s'apprête de même.

Omelette aux confitures. Comme les précédentes. Quand elle est cuite, on étend dedans une couche de confitures.

Omelette soufflée (*Entremets.*). Six jaunes d'œufs, un quart sucre râpé, un peu de fleur d'oranger. Remuez, fouettez les blancs en neige; mêlez peu à peu avec les jaunes. Mettez dans la poêle un quart de beurre, versez votre omelette; sitôt prise, mettez sur un plat beurré, couvrez du four à campagne, feu dessus et dessous : en deux minutes elle est bonne à servir.

Oreilles de cochon à la purée. (*Hors-d'œuvre.*) Parez, faites cuire avec lentilles, mouillez de bouillon. Ognons, bouquet garni, épices, carottes. Passez les lentilles en purée. Les oreilles de veau et de cochon se servent aussi frites à la pâte.

Oreilles de veau. On les sert à la vinaigrette, à la purée, frite, découpée et passée à la pâte, comme les artichauds.

Ortolans. (*Rôt.*) Rôtis en brochettes.

Palais de bœuf. (*Entrée.*) Parez, faites blanchir, coupez par tranches, cuisez comme *la fraise de veau*, servez avec sauce tomate ou sauce hachée.

Panade. (*Potage.*) Faites mijoter pain, eau, beurre, sel et poivre. Liez de jaunes d'œufs.

Paner. Saupoudrer de mie de pain les mets que l'on veut mettre sur le gril ou au four.

Patates. (*Entremets.*) Faites frire à volonté, comme les *pommes-de-terre* ou comme les *salsifis*.

Pâte à frire. Délayez dans l'eau tiède où vous avez fait fondre un peu de beurre, une quantité de farine avec sel. Ajoutez petite quantité d'huile. Mettez blancs d'œufs battus en neige, remuez et employez dans la journée.

Pâte à dresser. Un litre de farine, demi-livre de beurre, quatre jaunes d'œufs, deux blancs, demi-once de sel, un peu d'eau. Pétrissez le tout ensemble et incorporez bien; laissez reposer une demi-heure.

Pâté de lièvre en terrine. (*Rôt.*) Parez, désossez, hachez porc frais, rouelle de veau, graisse de bœuf, lard; ajoutez ciboule, persil, thym, laurier, ail, épices. Disposez dans une terrine, couvrez de bardes de lard; feu dessus et dessous le vase bien clos, pendant quatre à cinq heures.

Petits pâtés. ( *Hors-d'œuvre* ). Prenez de la pâte. ( *Voyez* Feuilletage. ) Aplatissez-là de l'épaisseur et grandeur de cinq francs pour chaque petit pâté. Mettez au milieu, gros comme une noix de hachis de veau, volaille et graisse de bœuf. Recouvrez d'un morceau de pâte plus mince, dorez et enfournez.

Pâtés chauds. (*Entrée*). Prenez de la pâte *feuilletage*), emplissez de godiveaux, boulettes, garnitures, avec épices et beurre, et enfournez. Les écrevisses se placent après.

Pâtés froids. (*Rôt.*) Chauffez le four en proportion de la grosseur. Les grosses pièces doivent être, ainsi que la farce, cuites à moitié dans une braise. (*Voyez* ce mot.) Le jambon aux trois quarts. Toutes les pièces seront lardées et épicées.

Servez-vous de pâte à dresser ; si la croûte prend trop de couleur, entourez-la d'un papier beurré.

Paupiettes de veau. (*Entrée.*) Coupez par tranches en rouelle, mettez bardes de lard sur chacun, assaisonnez. Ajoutez une farce de volaille ou veau, roulez, ficelez. Mettez à la casserole avec cuillerée de bouillon, vin blanc, bouquet, carottes, ognons piqués. Laissez mijoter et faites réduire.

Perche au bleu. (*Rôt.*) Court-bouillon. On la sert aussi frite.

Perdraux. Ils se servent rôtis, à la crapaudine et en salmi.

Perdrix aux choux. (*Entrée.*) Parez, faites revenir au beurre, ajoutez pincée de farine, bouquet garni, petit lard; mouillez de bouillon. Faites cuire à part et à moitié un chou avec petit-salé, saucissons et saucisses. Égouttez et remettez le tout ensemble sur le feu pour donner goût.

Petits pois. (*Entremets.*) Un quarteron de beurre par litre. Faites cuire avec petits ognons, bouquet de persil, cœur de laitue, sel et poivre.

Petits pois à l'anglaise. (*Entremets.*) Cuisez à grande eau, et servez avec le beurre en morceaux posés dessus.

Pets-de-Nonne. (*Entremets.*) Dans une casserole deux demi-setiers d'eau, sucre, zeste de de citron. Faites bouillir un quart d'heure; ôtez le citron, saupoudrez de farine en tournant avec une cuiller jusqu'à ce que la pâte soit cuite, demi-heure au moins. Tirez du feu, cassez-y un œuf, tournez pour l'incorporer parfaitement. Prenez-en la grosseur d'une noix pour chaque, et jetez dans la friture bouillante.

Pieds de cochon à la Sainte-Menehould. (*Hors-d'œuvre.*) Fendez et ouvrez, faites cuire avec sel, bouquet, basilic, ail. Écumez; cinq heures de cuisson. Laissez refroidir, passez à l'huile, panez et grillez.

Les charcutiers le vendent apprêtés et panés.

Pieds de mouton à la poulette. (*Entrée.*) Nettoyez, faites bouillir huit heures avec ognons, bouquet, clous de girofle, sel et poivre. Décossez, mettez sur le feu avec beurre, manié de farine, mouillez de bouillon; ajoutez petits ognons, champignons, sel, poivre; liez la sauce avec jaunes d'œufs, filet de citron.

Pieds de mouton farcis et frits. (*Entrée.*) Quand ils sont décossés, une heure de cuisson dans le bouillon avec un peu de vinaigre, sel, épices, ail, laurier et beurre manié de farine. Retirez, garnissez de farce de mie de pain au lait ou de chair à saucisse et volaille, trempez dans des œufs battus, panez, faites frire.

Pieds de veau. (*Hors-d'œuvre.*) Comme la fraise de veau. On les apprête aussi à la poulette et frits.

Pigeons aux petits pois. (*Entrée.*) Parez, troussez, passez dans un roux de beurre et petit lard; ajoutez les pois, bouquet garni, pincée de farine, mouillez de bouillon, feu doux.

Pigeons à la crapaudine. (*Voyez* ce mot.)

Pigeons à l'étuvée. (*Entrée.*) Dans un roux, mouillez de bouillon et de vin, épices, bouquet garni, ognon piqué de girofle.

Pigeons en compote. (*Entrée.*) Faites revenir avec petit lard; retirez; faites un roux; bouquet garni, épices, petits ognons, champignons; faites-y mijoter vos pigeons en mouillant de bouillon.

Pigeons frits. (*Rôt.*) Coupez par moitié; faites cuire en casserole avec bouquet, épices, et cuillerées de bouillon. Refroidissez, panez, faites frire.

Pilau. (*Potage.*) Coupez six ognons, une carotte rouge; passez au beurre avec persil, sel, poivre, girofle, muscade, trois cuillerées à pot d'eau bouillante, une noisette de safran; mijotez une heure, passez au tamis. Faites crever une livre de riz, mouillez avec votre sauce. Beurrez un fond de casserole, mettez épaissir votre pilau à feu doux. Il faut que le riz croque sous la dent.

Piquer. C'est garnir de filets de menu lard les viandes, volailles, etc.

**Plum-Pudding.** (*Entremets.*) Une livre de raisins secs, ôtez les pepins. Six œufs, un demi-verre d'eau-de-vie ou rhum, quatre onces de graisse de bœuf hachée, une livre de farine, chopine de lait, deux onces de sucre, zeste de citron. Mêlez avec mie de pain mollet et donnez de la consistance. Enveloppez d'un linge ficelé et mettez cuire à eau bouillante pendant quatre heures. Servez chaud. On arrose si on veut de rhum ou d'eau-de vie qu'on peut allumer.

**Pluviers.** (*Rôt.*) On ne les vide pas. Préparez-les et servez-les comme les bécasses.

**Pois (petits.)** (*Entremets.*) Deux litres, un quart de beurre, bouquet de persil, un cœur de laitue, quatre petits ognons, peu de sel et de sucre. Remuez, faites bouillir à petit feu une demi-heure. Retirez le bouquet, mettez un morceau de beurre manié de farine.

**Pois à l'anglaise.** (*Voyez* HARICOTS VERTS.)

**Petits pois au lard.** (*Entrée.*) Une demi-livre de lard ou jambon, coupez menu et faites blanchir. Faites revenir au beurre. Un litre de pois gros comme une noix de beurre; mettez dix minutes dans l'eau fraîche pour attendrir; égouttez; faites suer à feux doux, mouillez avec bouillon, ajoutez alors votre petit lard avec bouquet de persil et ciboules, faites bouillir deux minutes et achevez la cuisson à petit feu.

**Poitrine de mouton farcie.** (*Entrée.*) Levez la peau pour mettre une farce dessous : ficelez et faites cuire avec barde de lard, épices, bouquet, mouillez de bouillon, faites réduire. Elle se sert avec légumes dessous.

**Poitrine de veau aux petits pois.** (*Entrée.*) Coupez par morceaux, faites revenir au beurre;

ajoutez un peu de bouillon, sel, poivre, bouquet de persil. Au bout d'une heure ajoutez vos pois.

Poivrade (sauce). Dans une petite casserole, aux deux tiers vinaigre, échalotes, thym, laurier, persil, ciboule, une forte pincée de poivre, faites à part un roux, mouillez-le de bouillon, versez-y votre sauce et laissez bouillir un quart d'heure : Passez au tamis.

Pommes-d'amour-farcies. (*Entremets.*) Otez la queue et le dessus, retirez les pepins, pressez pour extraire l'eau, remplissez de farce, et faites cuire, feu dessus et dessous.

Pommes de terre à la crême. (*Entremets.*) Faites cuire à l'eau avec sel, pelez, sautez avec beurre, mouillez de crême et faites réduire.

Elle s'accommodent aussi à la *Maître-Hôtel*, à la *Purée d'ognons*, aux *diverses sauces*, en *salade* et *frites*.

Porc frais à la broche. (*Rôt.*) Marinez deux jours dans l'huile, épices, persil, ognons, bouquet garni, laurier ; embrochez et arrosez de la marinade. Deux heures de cuisson pour quatre livres.

Potage à la jardinière. Coupez navets, carottes, pommes de terre par morceaux de forme ronde et allongée en bouchon ; ajoutez poireaux, céleri, choulfleur, pois, haricots vert, pointes d'asperges. Faites blanchir le tout, et faites cuire ensuite dans le bouillon gras ou maigre.

Potage à la purée. Mettez un légume quelconque dans une casserole avec ognons, carottes, poireaux. céleri, beurre ou lard gras. Les légumes cuits, écrasez le tout dans une passoire, mouillez.

Potage au vermicelle, semoule, macaroni et

autres pâtes, Jetez dans le liquide bouillant, et faites cuire à grand feu.

Potage aux choux. Choux coupés en quatre. Petit salé, poitrine de mouton, sel et poivre.

Potage aux croutons. Faites frire dans du beurre des petits morceaux de mie de pain en forme de dez à jeu. Servez dans votre purée un peu claire.

Potage à l'ognon. Hachez menu, faites roussir dans le beurre avec farine, mettez l'eau. Cinq minutes d'ébullition et trempez. On y peut mettre du fromage.

Poularde. Elle s'aprête des mêmes manières que le poulet.

Poule au riz. (*Voyez* CHAPON.)

Poule aux ognons. (*Entrée.*) Mettez au pot. Retirez mi-cuite pour passer au roux de beurre et lard. Mouillez de bouillon, avec ognons et bouquet garni. Laissez réduire.

Poulet à la Tartare. (*Voyez* TARTARE.)

Poulet à l'estragon. (*Entrée.*) Maniez de l'estragon avec beurre et poivre. Hachez menu le foie de poulet, mettez cette farce bien mêlée dans le poulet, embrochez. Mettez de l'estragon dans du beurre fondu, mouillez de bouillon, laissez réduire et liez avec farine et jaune d'œuf. Filet de citron.

Poulet grillé au jus. (*Entrée.*) Maniez d'huile, épices, ognons à tranche, persil, ail. Mettez le poulet dans un papier beurré avec cet assaisonnement (en papillote). Faites griller à feu doux, et servez tout nu sur une sauce ravigote.

Poulet rôti. (*Rôt.*) Parez, bardez, embrochez et arrosez de beurre. Trois quarts d'heure de cuisson.

**Poulet** (fricassée de). (*Entrée.*) Mettez votre poulet, coupé par morceaux, dans la casserole avec beurre fondu, verre d'eau, épices, bouquet de persil, cinquante minutes de cuisson, liez de jaunes d'œufs. Ajoutez champignons, petits ognons, culs d'artichauds, écrevisses.

**Pudding à la pâte.** (*Entremets.*) Faites une bouillie épaisse avec farine, lait et sel. Retirez, ajoutez beurre et sucre, jaunes d'œufs en quantité, moitié autant de blancs. Battez, mêlez, versez dans une timbale, feu dessus et dessous, demi-heure de cuisson.

**Purées.** Toutes se font de même. Faites cuire vos légumes à grandes eaux avec assaisonnement, et passez-les.

**Quartier d'agneau.** (*Voyez* AGNEAU.)

**Quasi de veau.** (*Entrée.*) Lardez. Faites cuire quatre heures avec épices, ognons, lard et bouquet garni.

**Quenelles.** Hachez chair de poisson cuit. Pilez avec jaunes d'œufs durs et champignons cuits. Mettez autant de mie de pain cuite au lait. Pilez, ajoutez autant de beurre frais qu'il y a de farce. Pilez sel, jaunes d'œufs, persil haché. Fouettez des blancs d'œufs, trois blancs pour quatre jaunes; mélangez bien, et formez vos boulettes maigres ou quenelles, faites les passer au jus, et servez sur maigre sauce.

**Queues de mouton.** (*Entrée.*) Elles se cuisent soit braisée, soit dans le pot, et se servent ou à la purée ou sauce piquante.

**Raie à la sauce blanche.** (*Entrée*) Nettoyez avec le plus grand soin, et faites cuire comme le *brochet aux câpres.*

On l'apprête aussi au beurre noir.

Ramiers. (*Rôt.*) Piquez et faites rôtir.

Ravigotte (sauce à la). Poignée de cerfeuil pimprenelle, estragon, cresson alénois : hachez menu. Faites bouillir, un quart d'heure avec bouillon, sel, poivre, vinaigre. Liez avec un morceau de beurre manié de farine.

Rémoulade. (*Sauce.*) Délayez moutarde, huile et vinaigre, avec échalottes, cerfeuil, hachés menus. Ajoutez épices fortes.

Revenir (faire). C'est passer dans la casserole avec du beurre.

Riz. Mettez une once de riz par personne. Faites crever doucement dans du bouilon. Il se sert au *gras*, au *maigre*, et au *lait*.

Riz de veau. (*Voyez* FRICANDEAU.)

Riz de veau en caisse. (*Entrée.*) Les riz parés et piqués, coupez par morceaux, faites cuire avec champignons et fines herbes hachés menu. Retirez. Disposez dans des caisses de papier fort huilées et garnies de mie de pain. Saupoudrez le tout de mie de pain et mettez sur le gril.

Robert (sauce). Beurre, farine, faites roussir. Hachez des ognons, mettez dans la casserole avec beurre, sel, poivre. Mouillez d'un peu de bouillon. Dégraissez et laissez au feu vingt minutes. Au moment de servir, délayez avec vinaigre et moutarde.

Rognon de bœuf au vin. (*Entrée.*) Coupez par tranches, passez au roux avec épices et bouquet garni. Mouillez de vin, faites jeter un bouillon ; liez d'un peu de farine, laissez réduire.

Rognon de mouton à la brochette. (*Hors d'œuvre.*) Enlevez la pellicule, ouvrez-en deux, assaisonnez d'épices, mettez sur le gril et servez avec beurre, persil et filet de citron.

Rosbif. (*Rôt.*) Seconde pièce de l'aloyau. Embrochez et faites cuire avec feu très vif en arrosant de beurre. Entournez, en servant, de pommes de terre à l'étouffé.

Cuisson : dix livres, deux heures et demi. Cinq livres, une heure et demie.

Rougets grillés. (*Entrée.*) Coupez la tête, passez au beurre avec fines herbes et épices, panez, grillez.

Rougets à l'huile. (*Entrée.*) Cuisez au bleu, écaillez et servez froid.

Roux (sauce). Faites fondre du beurre, saupoudrez-le en tournant d'autant de farine qu'il en peut boire ; faites prendre couleur à petit feu et en tournant toujours.

Roux blond. Se fait de même, mais en laissant moins long-temps au feu pour qu'il ne prenne pas couleur.

Salade d'œufs. (*Rôt.*) Coupez œufs durs par quartiers, assaisonnez en salade en ajoutant filets d'anchois et fruits confits au vinaigre, avec anchois, cornichons, câpres, fines herbes, ou quelques feuilles de salade. On y peut ajouter une mayonnaise.

Salade de volaille. (*Rôt.*) Mettez une volaille cuite, coupée par quartiers, avec anchois, cornichons, câpres, fines herbes ou quelques feuilles de salade. On peut ajouter une mayonnaise.

Salmis. (*Entrée.*) Faites fondre sans roussir un morceau de beurre manié de farine. Mouillez de bouillon et de vin, partie égale. Echalottes, bouquet garni. Mettez alors votre gibier, déjà rôti, faites cuire et réduisez.

**Salsilis.** (*Entremets.*) Ratissez, lavez, cuisez avec eau, sel et vinaigre. Servez ensuite avec sauce grasse ou maigre.

**Salsifits frits.** (*Rôt.*) Cuits de même, faites mariner dans le vinaigre, sel et persil. Egouttez, passez à la pâte, puis à la friture.

**Sardines.** (*Hors d'œuvre.*) Lavez, écaillez, grillez légèrement. On les sert à la maître d'hôtel, à l'huile ou à la sauce moutarde. (*Voyez* HARENGS.)

**Sauce blanche.** Mettez dans la casserole un morceau de beurre manié de farine. Mouillez d'eau et tournez jusqu'à ce qu'elle soit près de bouillir. Lorsqu'elle bout, retirez du feu, mettez sel, poivre, vinaigre.

**Sauce blonde.** Faites fondre du beurre, saupoudrez de farine, laissez roussir, mouillez de bouillon.

**Sauce à tous mets.** Vin blanc, zeste de citron, épices, bouquet garni et filet de verjus. On la laisse mitonner et réduire à feu couvert.

**Sauce au pauvre homme.** Ciboules, échalottes et persil hachés, dans du bouillon, avec épices et cuillerées de vinaigre. Mettez réchauffer votre viande dedans.

**Sauce hachée.** Persil, cornichons et échalottes hachés, faites cuire dans un roux avec peu de jus.

**Sauce piquante.** Des échalottes hachées dans un roux, bouillon, vinaigre, chapelure, épices et cornichons.

**Sauce tomate.** Otez extrémités et pepins. Faites cuire avec bouquet garni, ognons, girofles, bouillon. Passez au tamis. Mouillez de bouillon. Ajoutez beurre frais manié de farine.

Saumon. On le prépare au *court-bouillon*, à la *sauce aux câpres*, à la *maître-d'hôtel*. (*Voyez* Brochet et Turbot.)

Saumon à la broche. (*Rôt.*) Divisez en dalles de six pouces, piquez le dos de lard fin, faites mariner avec huile, épices, ognon, persil. Attachez vos tranches à une brochette, en les séparant entre elles par une tranche de pain. Arrosez de beurre et servez avec une sauce appétissante. On le sert aussi sur le gril pour être servi sauce aux câpres.

Sauté. On appelle sauté le ragoût qu'on lie dans la casserole, en le faisant sauter par le mouvement du bras.

Scorsonères. (*Voyez* Salsifis.)

Soles (*Voyez* Carrelets.)

Soufflé de riz. (*Entremets.*) Faites une bouillie épaisse de farine de riz, ajoutez sucre et marrons pilés; parfumez avec un arôme quelconque. Jaunes d'œufs. les blancs fouettés en neige. Dans une tourtière beurrée; et sous le four de campagne.

Soupe dorée. (*Entremets.*) Battez des œufs assaisonnés comme pour une omelette naturelle. Jetez-y tranches de pain ordinaire avec leur croûte. Laissez tremper un quart d'heure; faites frire vos tranches comme des beignets, servez en saupoudrant de sel.

Tanche (*Entrée.*) Jetez à l'eau bouillante et écaillez. Marinez d'huile, fines herbes et épices. Faites griller; enveloppée d'un papier contenant la marinade; servez avec sauce à volonté.

Tartare. (*Voyez* Sauce.)

Tendons de veau aux petits pois. (*Voyez* Poitrine.)

Tendons de veau en matelotte. (*Entrée.*) Faites roussir au beurre, ajoutez un verre d'eau ou de vin, épices et bouquet garni. Au moment de servir, mettez champignons et petits ognons roussis. Réduisez.

Tête de veau à la vinaigrette. (*Relevé.*) Échaudez, désossez. parez. (*Voyez* Abati.)

Tête de veau en tortue. (*Entrée.*) Faites revenir riz de veau, crêtes et rognons de coqs. Mouillez de bouillon, avec pincée de farine; ajoutez deux verres de vin de Madère, sel et piment. Faites réduire. Mettez alors votre tête de veau coupée en morceaux, des œufs pochés, des écrevisses, culs d'artichauts et truffes.

Thon mariné. (*Hors-d'œuvre.*) Se mange à l'huile.

Tomate. (*Voyez* Pomme-d'Amour.)

Tourte de fruits. (*Entremets.*) Formez une boule avec de la pâte brisée. (*Voyez* Pate brisée.) Mettez sur une tourtière farinée, faites un rebord en feuilletage. (*Voyez* Feuilletage.) Etendez dans l'intérieur une marmelade quelconque de fruits, après l'avoir passé à la casserole dans un peu d'eau-de-vie et de sucre bouillants : mettez au four.

Tourte de morue. (*Entrée.*) Préparez la pâte, comme dessus, enfournez à vide et emplissez ensuite de morue Béchamel.

Truffes au vin. (*Hors-d'œuvre.*) Entières dans une casserole, avec lard haché, ail, jus, bouillon et vin blanc.

Truffes au naturel. (*Hors-d'œuvre.*) Enveloppez dans cinq ou six enveloppes de papier que vous mouillez après, faites cuire une heure sous la cendre chaude.

Truite à la Genèvoise. (*Entrée.*) Parez, faites cuire au court-bouillon. (*Voyez* ce mot.) Mettez dans une casserole, beurre, champignons, persil, échalottes hachées, mouillez de bouillon. Trempez une croûte de pain dans le court-bouillon, égouttez, passez en purée au tamis, mettez dans votre sauce avec deux cuillerées du court-bouillon, liez avec beurre manié de farine.

Turbot. (*Voyez* Barbue.)

Vaisselle d'étain. Gardez-vous d'y laisser séjourner des mets ou boissons où il entre des acides. Le fruit cuit y prend aussi une qualité dangereuse. Le vin et la bierre y perdent leur salubrité; les œufs sur le plat s'y gâtent.

Veau rôti aux fines herbes. (*Rôt.*) Marinez avec huile, champignons, ciboules, persil, échalottes, tym, laurier, le tout haché menu. Embrochez le carré en l'enveloppant d'un papier qui contient l'assaisonnement.

Après cuisson, on lie la moitié de l'assaisonnement avec beure manié de farine, en ajoutant jus, vinaigre, sel et poivre.

Vive. (*Entrée.*) Parez, ôtez le piquant, marinez d'huile, sel et poivre; grillez en arrosant de la marinade, sauce hachée, etc.

Vol-au-vent. (*Voyez* Paté chaud.)

Wakaka des Indes. Une once et demie de cacao mondé; quatre onces de sucre; six gros de sucre de vanille; un gros de cannelle et un de rocou sec. Torrifiez à part le cacao pour enlever l'écorce; triturez à part le cacao, la cannelle, le rocou et le sucre de vanille; mettez toutes les poudres et triturez-les toutes ensemble avec le sucre, jusqu'à ce que le tout forme une poudre bien homogène, que vous renfermerez dans un flacon bien bouché.

Cette poudre, aromatique fortifiante, et ranime l'appétit des vieillards et des convalescents. On en met une cuillerée dans un potage au riz, au vermicelle, ou dans une jatte de lait.

Zeste. Pellicule mince de l'écorce du citron, C'est la partie colorée et odorante.

## CHAPITRE II.

# DE L'OFFICE.

Abricots (marmelade d'). Une demi-livre de sucre par livre de fruits pelurés. Trois-quarts d'heure de cuisson en remuant sans cesse. Ajoutez la moitié des amandes épluchées.

Amandes (gâteau d'). Pesez un nombre d'œufs avec leurs coquilles, prenez même poids de farine, même de beurre, même de sucre râpé. Pilez même poids d'amandes douces, ajoutez un peu de zeste de citron. Employez les œufs, blanc et jaune, pilez le tout dans un mortier pour obtenir une pâte. Beurrez le fond d'une tourtière et faites cuire à petit feu dessus et dessous.

Angélique (crème d'). Une livre de tiges avant la floraison. Épluchez, coupez par petits morceaux, faites fondre quatre livres de sucre dans deux pintes d'eau, ajoutez six pintes d'eau-de-vie, deux gros de cannelle, douze clous de girofle. Laissez infuser six semaines et filtrez au papier gris avant de mettre en bouteille.

Anisette. Deux onces d'anis vert, une once de coriandre, un demi-gros de cannelle, deux clous de girofle. Concassez le tout, et laissez infuser un mois avec deux pintes d'eau-de-vie et deux livres de sucre en poudre. Passez à la chausse avant de mettre en bouteille.

Bichoff. Vin rouge, sucre, oranges amères, cannelle. Dans le bichoff au vin blanc, on remplace l'orange amère par le zeste de citron.

Brou de noix. Prenez des noix assez peu formées pour qu'une épingle puisse passer au travers. Pilez, faites infuser deux mois dans une pinte d'eau-de-vie par vingt noix. Égouttez dans un tamis, sucrez la liqueur d'une demi-livre de sucre par pinte, laissez reposer trois mois encore, et filtrez à la chausse avant de mettre en bouteille.

Café. Brûlez d'une belle couleur d'un brun alezan. Moulez fin. Pour chaque tasse de café (on dit demi-tasse) mettez une tasse d'eau et du café en poudre plein une cuiller à bouche. Remuez pendant la cuisson, et retirez du feu deux ou trois fois pour abattre le bouillon. Retirez du feu, laissez éclaircir pendant une demi-heure, tirez à clair, et servez très-chaud.

Caramel. Dans une casserole non étamée, mettez petite quantité d'eau et de sucre, laissez réduire jusqu'à couleur brune; mouillez alors d'eau. Quand le caramel se détache, versez dans un vase de faïence. Ce caramel sert à donner de la couleur. *Voyez* Nougat.

Cassis. Égrenez et écrasez-le. Mettez dans un bocal avec une pinte d'eau-de-vie par livre de fruits. Ajoutez quelques clous de girofle et cannelle. Après deux mois tirez la liqueur et pressez les grains. Remettez dans le bocal avec demi-livre de sucre par livre de fruit. Filtrez au papier et mettez en bouteille.

Cerises à l'eau-de-vie. Prenez de belles cerises, peu mûres, coupez la moitié de la queue. Mettez dans un bocal avec un petit nouet, ou sachet, contenant un morceau de cannelle et une pincée de coriandre. Ajoutez par livre de fruits un quart de sucre clarifié, remplissez le bocal avec de l'eau-de-vie. Laissez ainsi deux mois, et retirez le nouet.

Chocolat. Coupez chaque tasse en trois ou quatre morceaux. Mettez une tasse d'eau bouillante par once de chocolat; faites cuire à grand feu et réduire d'un tiers. Il ne faut remuer que deux ou trois fois durant la cuisson.

Coings. Coupez en quatre des coings bien mûrs; faites cuire à grands bouillons. Retirez, placez sur un tamis et recueillez le jus dans un vase; mettez une livre de sucre pour livre de jus; faites cuire jusqu'à ce que le sirop forme gelée.

Confitures de cerises. Otez queues et noyaux. Mettez dans la bassine avec un sixième de jus de groseilles, et un douzième de jus de framboises. Une heure de cuisson à grand feu.

Eau de seltz. Emplissez d'eau une bouteille. Versez un gros d'acide tartrique en poudre. Bouchez hermétiquement, laissez fondre cinq minutes et remuez. Introduisez un gros de bicarbonate de soude; rebouchez avec promptitude et solidité. L'eau de seltz artificielle est bonne à boire cinq minutes après, et se conserve très-bien.

Fraises ( suc de ). Écrasez, passez au tamis, demi-livre de sucre par livre de fraises, et jus de citron.

Fromage à la crème. Jetez gros comme une noisette de présure dans une pinte de lait tiède, remuez, faites cailler sur la cendre chaude, et mettez à égoutter.

Gelée de groseilles. Six livres rouges, trois blanches; une livre framboises, le tout égrainé. Pressez fortement ces fruits dans un linge pour extraire le jus, que vous recevez dans un chaudron. Faites bouillir un quart d'heure en écumant. Ajoutez une livre de sucre par livre de jus. Faites bouillir en écumant, jusqu'à ce que le jus prenne consistance.

Glaces. Les différentes glaces se font de la même manière. Mettez une quantité de jus de fruits ou de substances aromatiques dans de l'eau ou du lait, mélangez de sucre en poudre, et glacez dans la sabotière d'étain.

Limonade. Frottez votre sucre sur le citron pour enlever l'huile essentielle. Faites fondre; ajoutez le jus de vos citrons et passez.

Noyau. Demi-livre d'amandes d'abricots. Broyez-les, faites infuser dans deux litres d'eau-de-vie. Après deux mois, mettez une livre et demie de sucre fondu dans trois demi-setiers d'eau. Filtrez et mettez en bouteilles.

Punch. Demi-litre d'eau-de-vie ou de rhum, sirop et eau de thé, demi-litre de zeste de citron. Passez et faites chauffer au bain-marie.

Sirop pour les compottes. Un quart de sucre et un demi-verre d'eau; faites bouillir et écumer. (Cette proportion est pour une douzaine de pommes.)

Thé. Pour faire le thé, mettez dans la théière, échauffée d'avance, une quantité de thé proportionnée à la quantité et à la force de l'infu—

sion que vous voulez faire ; versez d'abord sur le thé une demi-tasse d'eau bouillante ; laissez infuser cinq ou six minutes ; jetez cette première eau, puis achevez d'emplir la théière d'eau bouillante.

Vin de Mâcon. Prenez quinze kilogrammes de raisins secs, égrainez-les, mettez-les dans un tonneau frais-vide de vin (pièce ordinaire), remplissez-le d'eau de rivière ; ajoutez-y trois kilogrammes de raisin de sureau et un litre d'eau-de-vie à 21 degrés ; à défaut de sureau, mettez-y trois litres de Bordeaux de l'année ; laissez fermenter le tout pendant quarante-huit heures, ayant soin de remuer toutes les douze heures avec un bâton fendu. Lorsqu'il a fait son ébullition, bondonnez le tonneau et au bout de six semaines mettez en bouteille.

## CHAPITRE III.

# CUISINE DES MALADES

## ET DES CONVALESCENTS.

Bouillon aux herbes. Hachez une poignée d'oseille et une demi-poignée de cerfeuil, le tout épluché. Faites fondre vos herbes dans une casserole, à feu vif. Ajoutez une Pincée de sel, un litre et demi d'eau, un peu de beurre. Faites jeter quelques bouillons et passez au tamis.

Bouillon de mou de veau. Prenez le quart d'un mou de veau, coupez-le en deux après l'avoir fait dégorger ; mettez-le dans une marmite avec deux pintes d'eau, une poignée de raisin de Corinthe, six dattes, douze jujubes, et deux onces de sucre candi brun. Faites cuire à petit feu pendant quatre heures, et passez au tamis.

Bouillon de poulet. Concassez avec le dos d'un couperet la moitié d'un poulet. Faites cuire à petit feu dans une casserole avec une pinte d'eau et un peu de sel. Passez au tamis.

Bouillon de poulet adoucissant. Faites cuire comme ci-dessus, un demi-poulet; ajoutez deux figues grasses et deux onces de raisins de Corinthe. Un peu de sel. Passez au tamis.

Bouillon rafraîchissant. Coupez en deux une demi-livre de rouelle de veau; mettez dans une petite marmite, avec une poignée de cerfeuil, deux laitues et quelques feuilles de chicorée sauvage. Passez au tamis.

Eau d'orge. Quand l'eau d'orge est ordonnée comme tempérante et adoucissante, il faut employer l'orge perlé; si on fait usage d'orge entière, il faut jeter la première eau. La première écorce de l'orge, en effet, contient un principe astringent. Quand on emploie l'orge comme gargarisme, avec des feuilles de ronces et de miel, on se sert d'orge entière, et on ne jette pas la première eau.

Faites bouillir l'orge jusqu'à ce qu'elle soit crevée; versez alors sur les feuilles de ronces; passez au tamis, en ajoutant une cuillerée de miel et une de vinaigre.

Émulsion adoucissante. Battez une once d'huile d'amandes douces avec un jaune d'œuf et une cuillerée de sucre en poudre; quand le tout est bien incorporé, ajoutez deux ou trois cuillerées de sirop de capillaire ou de sirop de gomme avec un filet de fleur d'orange. Cette émulsion se prend par petites cuillerées.

Farine de riz. La farine de riz n'est pas toujours de bonne qualité. Voici la manière de la préparer soi-même. Faites crever du riz bien lavé. Mettez peu d'eau afin qu'il la boive lorsqu'il sera bien gonflé. Étendez le riz sur des feuilles de papier, après l'avoir égoutté; faites sécher au soleil; pilez dans un mortier. Vous obtenez aussi une farine excellente, déjà cuite, et qu'il suffit de délayer dans un liquide bouillant pour en faire usage.

Fécule de pommes de terre. Cette fécule procure un potage très léger et très sain.

En gras, délayez dans une demi-tasse de bouillon froid une cuillerée de fécule; versez ensuite dans du bouillon bouillant en remuant avec la cuiller pour bien mêler; faites jeter quelques bouillons.

Procéder de même pour la fécule au lait. Sucrez et aromatisez avec la fleur d'oranger. *Nota*. Lorsqu'on ajoute du miel à la fécule au lait, elle perd sa consistance et devient entièrement liquide.

Gelée à la minute. Prenez une livre de tranche, une vieille poule, la moitié d'un jarret de veau; hachez la viande; coupez la poule et le jarret en morceaux le plus petit possible; mettez le tout dans une casserole avec un litre et demi d'eau; faites bouillir et écumer; ajoutez deux carottes, deux ognons, un demi-panais, deux navets coupés en rouelles; salez. Continuez l'ébulition en couvrant la casserole et en mettant un torchon mouillé sur le couvercle que vous tremperez dans l'eau fraîche lorsqu'il sera échauffé (c'est le moyen d'empêcher l'évaporation). Après une demi-heure d'ébullition, passez au tamis, battez un blanc d'œuf, ajoutez-le, remettez sur le feu, faites bouillir à découvert; écumez; après un quart d'heure, versez dans un vase de faïence, et faites refroidir.

Gelée de pieds de veau. Prenez trois pieds de veau bien échaudés, fendez-les et mettez-les dégorger dans l'eau ; essuyez et frottez de jus de citron, mettez dans une marmite avec deux pintes d'eau et le jus de deux citrons, faites bouillir ; écumez avec soin, et faites cuir à petit feu pendant trois heures. Passez la gelée au tamis de soie et clarifiez-la. Faites réduire jusqu'à ce qu'elle soit d'une forte consistance, passez la gelée à l'étamine jusqu'à parfaite clarification, et faites refroidir.

Cette gelée s'apprête de différentes manières pour l'usage des convalescents. En y joignant du lait d'amandes et du sucre, on en fait du blanc-manger. (*Voyez* BLANC-MANGER.) Avec du jus de citron ou d'orange, on en fait une gelée acide ; si après l'avoir fait fondre, on la fait bouillir avec un verre de Malaga, de la canelle et du sucre, on en fait une gelée tonique et fortifiante.

Jujubes (pâte de). Faites fondre une livre de belle gomme arabique concassée dans deux litres d'eau chaude, mais non bouillante ; passez à l'étamine, et mettez la gomme dissoute dans une bassine, avec une livre de jujubes. Ajoutez une livre et demi de sucre ; faites bouillir, d'abord à grand feu, puis ensuite à feu plus modéré, jusqu'à ce que le mélange ait pris la consistance du miel ; versez alors sur une plaque, et achevez l'évaporation à l'air ou à l'étuve.

Jus d'herbes. Prenez une poignée de cresson, autant de cerfeuil et de chicorée sauvage ; hachez et pilez le tout dans un mortier de marbre. Passez, en tordant dans un linge ; si vos herbes étaient trop sèches, et ne vous donnaient pas assez de jus, replissez le mortier avec un peu d'eau ; passez en exprimant de nouveau, et réunissez ce jus au premier. Pour clarifier le jus d'herbes, mettez-le au bain-marie, dans un vase fermé; lorsque vous versez la fécule bien séparée, passez à l'étamine.

Les médecins prescrivent le jus d'herbes avec ou sans filtration; il faut se conformer en cela à leur ordonnance ainsi qu'à l'espèce et à la quantité des herbes dont le jus doit être extrait. Nous avons donné ici pour exemple la prescription la plus usitée.

Lait de poule. Mêlez ensemble un jaune d'œuf, une cuillerée de sucre en poudre et une cuillerée de fleur d'orange, le tout bien mêlé; versez dessus de l'eau, très chaude sans être bouillante; remuez, et faites prendre aussitôt.

Orge perlé. Faites tremper l'orge, la veille, dans de l'eau froide : ajoutez-la et faites-la bouillir dans du bouillon jusqu'à ce qu'elle soit bien crevée; ne mettez d'abord qu'autant de bouillon qu'il en faut pour couvrir l'orge; ajoutez-en ensuite. Quand l'orge est crevée, il faut prolonger encore l'ébullition, pour que le bouillon se charge de tout ce qui est dissoluble; passez ensuite dans un linge, avec expression.

On peut laisser l'orge dans le potage, quand il n'est pas apprêté pour un malade.

Panade. Prenez de la mie de pain tendre; mettez-la dans une casserole avec un peu d'eau; faites bouillir : la mie de pain, en absorbant l'eau, se résoudra en une bouillie épaisse, que vous délayerez avec suffisante quantité d'eau; ajoutez du sel, faites jeter quelques bouillons; retirez ensuite la casserole, et faites fondre dans la panade un morceau de beurre. Vous la rendrez plus agréable et plus substantielle en y ajoutant un ou deux jaunes d'œufs.

On peut préparer aussi une panade au bouil

lon ou au lait; cette dernière est préférable pour les enfants, à la bouillie qu'on leur donne ordinairement. En voici la recette : faites dissoudre la mie de pain avec très peu d'eau : lorsqu'elle est tout-à-fait en bouillie épaisse, délayez-la avec du lait frais; faites chauffer sans bouillir; ajoutez un peu de sucre.

Petit lait. Prenez une pinte de lait frais, faites-le tiédir, et mêlez-y une demi-cuillerée à café de présure (1). Lorsque le lait est pris, enlevez-le avec une cuiller, et déposez-le dans un chaseret d'osier, garni d'un morceau de linge blanc, et recevez le lait qui s'écoule.

Le petit lait, fait ainsi, n'a aucune acidité, ne fatigue pas l'estomac, et est à la fois rafraîchissant et adoucissant.

Potage à l'urgence. Souvent on manque de bouillon au moment où on en aurait le plus besoin; voici le moyen d'en faire de très bon en une demi-heure. Coupez menu une demi-livre de bœuf; coupez aussi le plus fin possible un abatis de volaille, ou la moitié d'un poulet; mettez-le tout dans une casserole avec un litre d'eau; faites bouillir rapidement, écumez, ajoutez une carote, un navet et un ognon, coupés en tranches; salez; continuez à faire bouillir; couvrez la casserole, et posez dessus un torchon mouillé. Au bout d'une demi-heure d'ébullition, passez le bouillon au tamis.

_______________

(1) *Présure pour faire cailler le lait.* Prenez une caillette de veau, videz-la, lavez-la, et remettez-y ensuite le lait caillé qui y était contenu, avec une poignée de sel : liez-en l'ouverture avec une ficelle, et mettez-la dans un pot de grès ou de faïence, avec une demi-pinte d'eau-de-vie et six onces d'eau; faites infuser pendant un mois dans un lieu frais. Il faut que le pot soit bien couvert. Au bout d'un mois, filtrez la liqueur au papier gris, et conservez-la dans une bouteille bien bouchée.

Sagou au gras. Le sagou est une matière féculente et gommeuse, produite par une espèce de palmier de l'Archipel d'Asie.

On le lave à l'eau bouillante et on le fait cuire avec du bouillon, qu'on ajoute peu à peu, et jusqu'à ce que le sagou, tout-à-fait dissous, forme une espèce de gelée. On peut, pour le rendre plus nourrissant, y ajouter, au moment de servir, un ou deux jaunes d'œuf.

Sagou au lait. Lavez à l'eau bouillante, faites cuire avec du lait auquel vous ajouterez un morceau de canelle; en servant, sucrez suffisamment. Si la canelle ne convient pas, on aromatise, avec la fleur d'orange, au moment de servir.

Sagou au vin. Après avoir lavé le sagou à l'eau bouillante, on le fait dissoudre dans l'eau. Lorsqu'il est bien fondu, ajoutez autant de bon vin blanc que vous avez mis d'eau; sucrez, faites faire quelques bouillons, et au moment de servir, mettez quelques jaunes d'œufs.

Vous pouvez aromatiser avec l'écorce de citrons ou la canelle, ou avec l'eau de fleur d'orange. Les deux premières substances se mettent avec l'eau dans laquelle on fait dissoudre le sagou; la fleur d'orange, avec les jaunes d'œufs.

Salep. Le salep est fait avec la racine d'une espèce d'orchis, qu'on pulvérise après l'avoir fait dessécher. Sa préparation, pour l'usage des malades et des convalescents, ne présente aucune difficulté. Au gras, au lait ou à l'eau, il ne s'agit toujours que d'en faire dissoudre une petite quantité (ordinairement une cuillerée à café) dans le liquide indiqué et bouillant. On aromatise suivant la prescription du médecin.

Tisanes. Les tisanes dans lesquelles il entre des racines, des feuilles, des graines, se font ordinairement par décoction; c'est-à-dire qu'on les fait bouillir dans l'eau; celles où il n'entre que des feuilles ou des fleurs, se font presque toujours par infusion, en versant de l'eau bouillante dessus, à moins que le médecin ne l'ordonne autrement. Quand une tisane est composée de substances dont les unes doivent être préparées par décoction et les autres par infusion, on fait d'abord bouillir les premières avec la quantité d'eau suffisante, et quand elles ont assez bouilli, on jette le tout sur les secondes; on laisse infuser pendant un quart d'heure, et on passe à travers un linge.

Voici, comme exemple, la manière de faire une tisane fort simple, qui est agréable et rafraîchit sans fatiguer l'estomac :

Prenez la moitié d'un paquet de chiendent; épluchez, coupez en petits morceaux, et mettez bouillir avec une pinte d'eau pendant une demi-heure. Ajoutez alors un morceau de réglisse fraîche, gros comme le doigt, et long de six pouces, après l'avoir ratissé, coupé et écrasé, faites faire quelques bouillons, et jetez le tout sur cinq ou six feuilles de chicorée sauvage hachée grossièrement. Laissez infuser pendant un quart d'heure, et passez dans un linge.

**FIN.**

IMPRIMERIE DE E. MARC-AUREL, A ARGENTEUIL, près Paris, bureau rue Saint-Honoré, 138.

# Dispositions d'une Table

DRESSÉE ET SERVIE SELON LES RÈGLES REÇUES, PAR EXEMPLE POUR **12** PERSONNES.

---

La table aura trois mètres de longueur sur un mètre cinquante centimètres de largeur, et elle sera autant que possible arrondie des deux bouts, couverte de ses nappe et napperon. Les couverts seront disposés à égale distance ; serviettes, couverts, couteaux et gobelet à droite, et le petit pain.

**1er SERVICE.** — Deux potages, deux relevées et quatre entrées (1), *trois dormants ou groupes chargés de fleurs ;* six hors d'œuvres, soit *melon, beurre, anchoix, cornichons, radis thon, saucisson, boudin, cotelette de mouton et petits pâtés chauds ; vin de Mâcon ou Bourgogne.*

**2e SÉRIE.** — Deux plats de milieu, rôt et poisson au bleu, deux salades, huit entremets : légumes, omelette, petits pâtés, écrevisses et crêmes ; *vin de Bordeaux.*

**DESSERT.** — Deux assiettes montées, huit assiettes variées, menues pâtisseries ; compottes fruits, etc. ; vins fins.

(1) Les entrées et autres mets de second ordre doivent toujours être dans les flancs, et placés diagonalement en regard les uns des autres.